비즈니스

한국어 입문활용

JN445574

비즈니스 한국어 입문활용

| 김재욱 · 박기선 · 노채환 · 송은정 |

HU:iNE

BUSINESS KOREAN

Published in Republic of Korea by HUINE, an imprint of Hankuk University of Foreign Studies University Knowledge Press, Seoul.

http://press.hufs.ac.kr

머리말

한국 기업의 해외 진출이 확대되고 한국 상품에 대한 세계인들의 관심이 점점 높아지고 있다. 이에 따라 해외에 진출한 한국 기업과 한국어 학습자들의 비즈니스 한국어에 대한 요구도 증가하고 한국어 학습자들을 대상으로 하는 비즈니스 한국어 교재에 대한 필요성이 대두되고 있다. 이러한 해외 비즈니스 현장에서의 요구를 반영하여 한국어 교육에 대한 전문적인 이론과 경험을 갖춘 한국외국어대학교 및 사이버한국외국어대학교의 한국어 교육 전공 교수와 선생님들이 뜻을 모아 '비즈니스 한국어'를 출판하였다.

특히 이번에 집필한 '비즈니스 한국어'는 한국과 비즈니스 측면에서 매우 밀접한 관계에 있는 베트남에서 공부하는 한국어 학습자들을 대상으로 한 것으로, 현재 베트남에서 근무하고 있는 기업의 근로자들이 한국어를 습득하여 비즈니스 환경에서 한국어를 구사하기 위한 목적으로 개발되었다. 베트남에 진출한 한국 기업의 현장에서 한국어로 의사소통해야 하는 상황이 증가함에 따라 비즈니스 한국어에 대한 관심도 높아지고 있어 이를 위한 단계별 한국어 교재를 집필하게 된 것은 매우 의미 있는 일이라고 할 수 있다.

'비즈니스 한국어'는 베트남 비즈니스 학습자를 위한 한국어 교재로, 주 교재와 활용 교재로 구분된다. 주 교재와 활용 교재는 각 과마다 같은 주제의 내용으로 구성되어 있으며, 두 교재를 함께 학습한다면 학습 목표를 이루는 데에 큰 효과를 거둘 수 있을 것이다.

주 교재에서는 어휘와 문형, 대화 등의 집중 학습을 통해 한국어의 입력에 중점을 두었다. 이를 위해 다양한 비즈니스 특징을 살린 어휘와 문형을 배열하여 기업 현장에서 활용할 수 있는 실제적인 내용들로 구성하였다. 활용 교재에서는 주 교재에서 습득한 어휘와 문형을 활용하여 비즈니스 현장에서의 말하기, 듣기, 읽기, 쓰기를 학습할 수 있도록 구성하였으며 한국어 능력에 따라 필요한 여러 가지 유형의 비즈니스 의사소통 기능을 집중적으로 향상시키는 것에 초점을 맞추어 개발하였다.

또 '비즈니스 한국어'의 대화는 그 속에 등장하는 각 인물들이 한국 기업에 입사해서 생활하는 스토리로 이루어져 있어 비즈니스 한국어 학습자의 학습 동기 유발을 위한 흥미 요소로서의 작용뿐만 아니라 실제 한국 회사 생활에 적응하는 데에도 도움이 될 수 있어 비즈니스 한국어 교육 현장에서 높은 활용도를 보일 것으로 기대한다.

끝으로 많은 수고와 노력을 기울여 완성도 높은 교재를 개발한 사이버한국외국어대학교 한국어학부 진정란 교수님, 박기선 교수님, 노채환 교수님, 한국외국어대학교 KFL대학원 안정민 교수님, 송은정 선생님, 정회란 선생님에게 고마움을 전한다. 그리고 이 교재가 출판되기까지 여러모로 애써주신 한국외국어대학교 지식출판콘텐츠원 관계자 분들과 여러 분들에게도 다시 한번 깊은 감사를 드린다.

한국외국어대학교 KFL대학원장

김재욱

일러두기

'비즈니스 한국어'는 베트남에 진출한 한국 기업에서 근무하거나 근무하고자 하는 한국어 학습자의 비즈니스 한국어 의사소통 능력 신장을 위한 실제적인 교재로 개발되었습니다.

집필 방향

- 본 교재는 비즈니스 한국어 '입문', '초급', '중급' 단계로 개발되었으며, 각 단계별 교재는 주 교재와 활용 교재 두 권으로 분리하였습니다.

- 주 교재는 정확성 향상을 위한 한국어 어휘 및 문법 등 한국어 지식에 대한 학습이 주를 이루며 비즈니스 현장의 상황으로 이루어진 대화문을 통해 내용, 주요 표현·발음 등을 이해하는 데에 초점을 맞추어 집필하였습니다.

- 활용 교재는 주 교재에서 배운 내용을 바탕으로 실제 비즈니스 한국어 환경에서 활용할 수 있는 사용 단계로, 비즈니스 현장에서 요구되는 말하기, 듣기, 읽기, 쓰기의 능력을 고루 향상시킬 수 있도록 집필되었습니다.

- 주 교재의 문법 및 표현의 선정과 배열 등은 '국제 통용 한국어교육 표준 모형'과 '한국어능력시험(TOPIK)'을 참고하여 일반 목적 한국어 교육의 기본적인 숙달도 단계를 존중하고 있습니다. 그러나 비즈니스 현장에서의 요구를 반영하는 것을 우선으로 하여 집필하였으므로 주제, 어휘, 문법, 기능, 상황 등의 선정 및 배열에서 일반 목적 한국어 교육과 차이를 보입니다.

- 주 교재에서는 생산직 근로자 또는 사무직 근로자가 한국인과 함께 근무하면서 근로 현장에서 접할 수 있는 상황과 표현을 중심으로 개발하였으며, 공적인 담화와 사적인 담화를 모두 포함시켜 구성하였습니다.

- 주 교재는 한국어의 정확성과 유창성을 향상시키기 위해 한국어 어휘, 문법, 발음과 관련된 한국어 지식과 함께 말하기, 듣기, 쓰기, 읽기 등 실질적인 연습 및 활용을 위한 과제를 모두 포함시켰습니다.

교재 내용 구성

- 본 교재는 '비즈니스 한국어 입문'과 '비즈니스 한국어 초급', '비즈니스 한국어 중급'으로 구성되어 있으며, 각 단계는 25개의 과로 이루어져 있습니다.

- 주 교재와 활용 교재의 1개 과는 기본적으로 4시간의 수업 내용들로 구성하여 1개 과를 모두 학습하는 데에 8시간이 소요됩니다. 물론 학습 현장 상황에 따라 수업 시간의 조절이 가능하며, 학습자의 학습 진도에 따라 수업 시간을 유연하게 적용할 수 있습니다.

- '비즈니스 한국어 입문'의 주 교재는 1과부터 5과까지는 한글 자모에 대한 학습으로 이루어져 있고, 활용 교재는 한글편 단원이 없이 6과부터 시작합니다.

- 주 교재의 첫 페이지는 학습목표와 삽화, 질문으로 구성되어 있습니다. 삽화를 통해 해당 상황에 대한 이야기를 나누면서 학습자에게 해당 과의 주제와 어휘를 노출할 수 있으며 배경 지식을 형성할 수 있습니다. '어휘'는 비즈니스 상황에 어울리는 주제에 맞추어 한국어 어휘장과 그에 따른 예문이 제시되고 있고, 연습도 함께 구성되어 있습니다. '문법'은 한국어 문법의 의미와 예문, 형태, 주의점 등이 베트남어와 한국어로 함께 제시되어 있으며 해당 문법에 대한 연습 문제도 구성되어 있습니다. '대화'는 해당 과의 주제에 맞는 자연스러운 한국어 대화로 이루어져 있으며 해당 과에서 학습한 문법과 어휘가 포함되어 있습니다.

- 활용 교재 '입문'과 '초급' 단계의 '듣고 말하기'는 주 교재의 대화문과 동일한 내용으로 구성되어 있는데, 이는 기본 대화문을 활용하여 다양한 소재와 내용으로 말하기를 확장 연습하는 단계입니다. 대화문의 주요 표현을 다양한 내용으로 교체하여 연습하고 질문에 대답함으로써 유의미한 말하기 연습을 진행할 수 있습니다. 또한 들은 내용을 이해하고 직접 받아써 봄으로써 한국어 의사소통 능력을 고루 신장할 수 있습니다. 더불어 듣기와 말하기 과제가 추가되어 실제적인 의사소통 상황에 대한 연습이 가능합니다. '읽고 말하기'는 읽기 담화와 연결된 말하기 연습으로 구성되어 있으며 '읽고 쓰기'는 읽기 담화와 연결된 쓰기 연습으로 구성되어 기능별 통합 교재로서의 특징을 보이고 있습니다.

- 활용 교재 '중급' 단계의 '말하기'는 '입문'과 '초급' 단계의 '듣고 말하기'와 같이 주 교재의 대화문과 동일한 내용으로 구성되어 있는데, 중급 대화문에 나온 주요 표현들을 활용하여 문장을 생성해 보고 주제와 관련된 이야기를 나눌 수 있습니다. '듣고 말하기'는 해당 과의 주제 또는 기능과 관련된 듣기 활동으로 구성되어 있습니다. '읽고 쓰기'는 비즈니스 현장에서 쓰이는 실용 텍스트뿐만 아니라 회사 생활을 통해 경험할 수 있는 내용이 담긴 다양한 읽기 텍스트와 이를 확장한 쓰기 활동으로 구성되어 있습니다.

비즈니스
한국어 입문활용

목차

입문활용 교재구성표

단원	제목	듣고 말하기
입문 6	저는 프엉입니다	첫인사하기
입문 7	이건 사원증이에요	알맞은 물건 찾기
입문 8	회의실이 어디에 있어요?	위치 묻고 답하기
입문 9	회의 자료를 복사해요	장소와 행동 말하기
입문 10	몇 층에 가요?	사무실 위치 듣고 파악하기
입문 11	오늘도 열심히 해 주세요. 파이팅!	아침 조회에서 업무 듣고 말하기
입문 12	자재가 몇 상자 있어요?	입고 정보 듣고 말하기
입문 13	열 시에 회의가 있어요	반복되는 일상 듣고 말하기
입문 14	이제 어둡지 않아요	장소 묘사하기
입문 15	그다음에 포장팀에 작업을 하러 갔어요	일의 순서 말하기
입문 16	점심을 많이 드세요	오전 일정 듣고 말하기
입문 17	무슨 음식을 좋아해요?	좋아하는 음식 듣고 말하기
입문 18	저는 친구들이랑 노래방에 가고 싶어요	주말에 하고 싶은 일 듣고 말하기
입문 19	일주일 동안 다낭에서 쉴 거예요	휴가 계획 듣고 말하기
입문 20	보안 스티커를 떼지 마세요	작업장에서 지켜야 할 사항 듣고 말하기
입문 21	화면이 이상하네요	불량 보고를 듣고 파악하기
입문 22	전체 확인 후에 보고해 주세요	업무 문제점을 듣고 파악하기
입문 23	이물질이 들어가지 않게 주의하세요	문제 상황 수습하기
입문 24	우리 함께 원인을 찾아봅시다	업무 교대 시 주의할 점 전달하기
입문 25	좋은 분들과 함께 일해서 즐거웠습니다	송년회 건배사 듣고 말하기

읽고 말하기	읽고 쓰기
명함 정보를 파악하고 말하기	자기소개 읽고 쓰기
다른 사람 소개하기	다른 사람 소개 쓰기
집 근처 약도 읽고 말하기	집 안과 사무실 안을 설명하는 글 쓰기
동료의 업무 읽고 말하기	문자메시지 읽고 쓰기
특정 장소에서 하는 일 읽고 말하기	백화점 위치 읽기, 자기 부서 설명하기
달력 읽고 일정 말하기	일정을 설명하는 글 읽고 쓰기
마트 전단지 읽고 말하기	쇼핑 목록 읽고 쓰기
하루 일과 읽고 말하기	주말 일정 읽고 쓰기
동료 묘사하기	고향 묘사하는 글 읽고 쓰기
업무 절차 읽고 말하기	요리 순서 읽고 쓰기
행사 일정 읽고 말하기	자신의 평일과 주말 일정 읽고 쓰기
주간 식단표 읽고 말하기	식당을 설명하는 글 읽고 쓰기
할 수 있는 일을 읽고 말하기	주말에 자주 가는 장소에 대한 글 읽고 쓰기
휴가 계획 읽고 말하기	미래 계획 읽고 쓰기
체육 시설 이용 안내문을 읽고 말하기	식사 예절에 대한 글 읽고 쓰기
동료 생일 파티에 대한 글 읽고 말하기	작업 절차에 대한 글 읽고 쓰기
제품 소개 글 읽고 말하기	주간 업무 보고서 읽고 쓰기
불량 보고서 읽고 말하기	고장 난 제품에 대해 설명하기
회사 규정 읽고 말하기	나의 다짐 읽고 쓰기
송년회 안내장 읽고 말하기	감사 편지 읽고 쓰기

06 저는 프엉입니다

학습 목표

- 자기소개에 필요한 어휘와 문법을 이용하여 직장에서 자기소개를 할 수 있다.

어휘: 직급, 나라

문법: 입니다/입니까, 은/는

듣고 말하기

프 엉: 안녕하세요?

김재호: 네. 안녕하세요? 김재호 대리입니다.

프 엉: 저는 신입 사원 프엉입니다. 처음 뵙겠습니다.

김재호: 프엉 씨, 만나서 반갑습니다.

프 엉: 네, 대리님. 앞으로 잘 부탁드립니다.

김재호: 네, 열심히 해 주세요.

- 신입 사원
- 안녕하세요?
- 처음 뵙겠습니다.
- 말씀/이야기 많이 들었습니다.
- (만나서) 반갑습니다.
- (앞으로) 잘 부탁드립니다.
- 환영합니다.
- 열심히 해 주세요.
- 같이 잘해 봅시다.
- 프엉입니다[프엉임니다]
- 뵙겠습니다[뵙껟씀니다]
- 반갑습니다[반갑씀니다]
- 앞으로[아프로]
- 부탁드립니다[부탁뜨림니다]
- 열심히[열씸히]

1. 말해 보세요.

[보기]	김재호 대리	신입 사원 프엉
(1)	서진수 과장	박기태 주임
(2)	정세아 부장	투안

2. 자기를 소개해 보세요.

3. 다음을 듣고 들은 내용과 같으면 O, 다르면 X 하세요.

(1) 김재호는 부장입니다. (○ , ×)

(2) 프엉은 신입 사원입니다. (○ , ×)

4. 다음을 듣고 빈칸에 들어갈 말을 쓰세요.

(1) 프엉: __________?

김재호: 네, __________? 김재호 대리입니다.

(2) 프엉: 저는 신입 사원 프엉입니다. __________.

김재호: 프엉 씨, 만나서 __________.

(3) 프엉: 네, 대리님. 앞으로 __________.

김재호: 네, __________ 해 주세요.

5. 다음을 듣고 이어지는 말을 고르세요.

(1) (답:)

① 아니요.
② 한국입니다.
③ 부장입니다.
④ 안녕하세요?

(2) (답:)

① 네. 잘 부탁드립니다.
② 네. 한국 사람입니다.
③ 아니요. 열심히 해 주세요.
④ 아니요. 만나서 반갑습니다.

6. 다음을 듣고 메모하세요.

이름	(1) 투안	(2) 미
나라	(3)	(4)
직급	(5)	(6)

7. 사원증을 만들고 이야기해 보세요.

[보기]

이유미 부장

읽고 말하기

1. 다음을 읽고 들은 내용과 같으면 O, 다르면 X 하세요.

서울 제과

강서진
주임
호찌민 지사
tel. +84-233-455-6767(VN)
e-mail seojin@seoul.com

하롱베이 투어

팜 티 투 하
대리
하롱베이 본사
전화 +84-123-456-7890(VN)
이메일 hahaha@tour.or.kr

한국 건설

고채윤
부장
하노이 지사
☎ +84-120-3400-5600(VN)
✉ gogogo@korea.kr

베한전자

안 혜 수
과장
박닌 지사
☎ +84-987-654-3210(VN)
+82-10-1234-1234(KR)
✉ ahs80@threestars.com

(1) '안혜수'는 주임입니다. (○, ×)

(2) '고채윤'은 부장입니다. (○, ×)

(3) '강서진'은 한국 건설 과장입니다. (○, ×)

(4) '팜 티 투 하'는 하롱베이 투어 대리입니다. (○, ×)

2. 명함을 만들어 보세요.

전화 +84- - -

이메일 @

3. 명함을 보고 [보기]와 같이 해 보세요.

[보기]

가: 안녕하세요?

나: 네, 안녕하세요?

가: 저는 짱 대리입니다. 베트남 사람입니다.
처음 뵙겠습니다.

나: 짱 씨, 저는 고채윤 부장입니다.
한국 사람입니다.

가: 네. 고채윤 부장님. 말씀 많이 들었습니다.

나: 만나서 반갑습니다. 같이 잘해 봅시다.

	동료1	동료2
이름		
직급		
나라		

읽고 쓰기

1. 다음을 읽고 질문에 답하세요.

이유정

안녕하세요? 저는 이유정입니다. 저는 한국 사람입니다.
다낭여행사 부장입니다. 만나서 반갑습니다.

프엉

안녕하세요? 저는 프엉입니다. 저는 베트남 사람입니다.
베한전자 신입 사원입니다. 앞으로 잘 부탁드립니다.

왕유

안녕하세요? 저는 왕유입니다. 저는 중국 사람입니다.
스타전자 대리입니다. 반갑습니다.

(1) 이유정 씨는 베트남 사람입니까?

(2) 이유정 씨는 다낭여행사 신입 사원입니까?

(3) 프엉 씨는 베한전자 부장입니까?

(4) 스타전자 대리는 중국 사람입니까?

2. 다음 글을 써 보세요.

?

저는 입니다. 프엉, 투안, 이유미, 김재호

저는 사람입니다. 베트남, 한국, 중국

저는 입니다. 베한전자 과장, 다낭여행사 부장

만나서 .

앞으로 잘 .

새 어휘

사원증	지사	전화	모니터
서울	하롱베이	이메일	박닌
제과	투어	건설	명함
호찌민	본사	하노이	여행사

07 이건 사원증이에요

학습 목표

- 일할 때 사용하는 물건을 가리키고 표현할 수 있다.

어휘: 물건, 이것/그것/저것

문법: 이에요/예요, 이/가

듣고 말하기

김재호: 자, 이건 프엉 씨 사원증이에요.

프 엉: 고맙습니다. 이건 뭐예요?

김재호: 우리 업무 수첩이에요.

프 엉: 저게 제 컴퓨터예요?

김재호: 아니요, 저건 프엉 씨 컴퓨터가 아니에요.
이 컴퓨터가 프엉 씨 거예요.

프 엉: 네, 알겠습니다. 대리님.

- 네, (잘) 알겠습니다.
- 네, 그렇게 하겠습니다.
- 사원증[사원쯩]
- 알겠습니다[알겓씀니다]

1. 말해 보세요.

[보기]	프엉	김재호
	저것, 제 컴퓨터	X, 이 컴퓨터, 프엉 씨 컴퓨터

(1)	그것, 제 책상	X, 이 책상, 프엉 씨 책상
(2)	이것, 제 의자	X, 저것, 프엉 씨 의자

2. 무엇이 있어요? 뭐가 없어요? 이야기해 보세요.

(1) 책상:	□있다	□ 없다	(6) 집게:	□ 있다	□ 없다
(2) 수첩:	□ 있다	□ 없다	(7) 복사기:	□ 있다	□ 없다
(3) 종이:	□ 있다	□ 없다	(8) 정수기:	□ 있다	□ 없다
(4) 파일:	□ 있다	□ 없다	(9) 지우개:	□ 있다	□ 없다
(5) 가위:	□ 있다	□ 없다	(10) 테이프:	□ 있다	□ 없다

3. 다음을 듣고 들은 내용과 같으면 O, 다르면 X 하세요.

(1) 사원증이 있어요. (○ , ×)

(2) 프엉 씨 컴퓨터가 없어요. (○ , ×)

4. 다음을 듣고 빈칸에 들어갈 말을 쓰세요.

(1) 프 엉: ______________________ 뭐예요?
김재호: 그건 우리 ______________________.

(2) 프 엉: 저게 ______________________?
김재호: 아니요, 저건 프엉 씨 ______________________.

(3) 김재호: ______________ 컴퓨터가 프엉 씨 ______________________.
프 엉: 네, ______________________.

5. 다음을 듣고 이어지는 말을 고르세요.

(1) (답:)

① 네, 있어요.
② 아니요, 없어요.
③ 제 사원증이에요.
④ 베트남 사람이에요.

(2) (답:)

① 아니요, 없어요.
② 그게 사원증이에요.
③ 누구 사원증이에요?
④ 저건 사원증이 아니에요.

6. 그림을 보고 들은 것과 같은 부분을 찾아 ○하세요.

7. 무엇입니까? 물건에 이름을 써서 붙이고 크게 말하세요.

책			

읽고 말하기

1. 다음을 읽고 질문에 답하세요.

안녕하세요? 저는 프엉이에요. 이 사람은 제 회사 동료예요. 이름은 이유미예요. 유미 씨는 한국 사람이에요.
저 사람은 제 친구 쩐이에요. 쩐은 베트남 사람이에요. 쩐은 회사원이 아니에요. 학생이에요.

(1) 무슨 이야기입니까? (답:)

① 집
② 회사
③ 친구
④ 이름

(2) 같은 것은 무엇입니까? (답:)

① 유미는 학생이에요.
② 쩐은 회사원이에요.
③ 유미는 쩐 친구예요.
④ 쩐은 베트남 사람이에요.

2. [보기]와 같이 이야기해 보세요.

[보기]

기태: 이게 뭐예요?
유미: 제 가방이에요.
기태: 저게 뭐예요?
유미: 제 업무 수첩이에요.
기태: 저 사람이 누구예요?
유미: 김 과장님이에요.

이름	이/그/저	이 사람/저 사람/그 사람
유미	이게-가방, 저게-업무 수첩	저 사람-김 과장님

읽고 쓰기

1. [보기]와 같이 질문을 읽고 대답을 찾아 쓰세요.

아니요, 회사원이에요.	네, 중국 사람이에요.	베트남 사람이에요.
네, 이거예요.	저는 프엉이에요.	저건 복사기예요.

[보기] 가: 투이 씨는 어느 나라 사람이에요?
나: 베트남 사람이에요.

(1) 가: 저게 뭐예요?
나: .

(2) 가: 제 책상이 있어요?
나: .

(3) 가: 저 사람은 중국 사람이에요?
나: .

(4) 가: 이름이 뭐예요?
나: .

(5) 가: 투안 씨, 학생이에요?
나: .

2. [보기]와 같이 쓰세요.

[보기]

제 이름은 김재호 대리예요. 한국 사람이에요.
저 사람은 프엉 씨예요. 프엉 씨는 베트남 사람이에요. 프엉 씨는 신입 사원이에요.

새 어휘

가족사진　　동료

08 회의실이 어디에 있어요?

학습 목표

- 장소와 위치를 찾고 표현할 수 있다.

어휘: 장소[1], 위치

문법: 에[1], '있다'

듣고 말하기

프 엉: 대리님, 회의실이 어디에 있어요?

김재호: 회의실은 휴게실 옆에 있어요.

프 엉: 회의실에 컴퓨터가 있어요?

김재호: 아니요, 컴퓨터가 없어요.
노트북을 가지고 가세요.

프 엉: 그럼 노트북은 어디에 있어요?

김재호: 저기에 있어요.

- 가지고 가세요
- 그럼
- 회의실에[회의시레]
- 없어요[업써요]

1. 대화를 말해 보세요.

[보기]	프엉	김재호
	회의실, 컴퓨터	휴게실 옆, 노트북을 가지고 가세요
(1)	프린터, 종이	복사기 옆, 종이는 비품실에 있다
(2)	탈의실, 작업복	비품실 옆, 작업복은 사물함에 있다

2. 우리 회사예요. 어디에 뭐가 있어요? 이야기해 보세요.

3. 다음을 듣고 들은 내용과 같은 것을 고르세요. (답:)

① 회사에 노트북이 없어요.
② 컴퓨터가 회의실에 있어요.
③ 두 사람은 회의실에 있어요.
④ 휴게실 옆에 회의실이 있어요.

4. 다음을 듣고 빈칸에 들어갈 말을 쓰세요.

(1) 프 엉: 대리님, 회의실이 ______ 있어요?
김재호: 회의실은 ______ 있어요.

(2) 프 엉: 회의실에 컴퓨터가 있어요?
김재호: ______, 컴퓨터가 ______. 노트북을 ______.

(3) 프 엉: ______ 노트북은 어디에 있어요?
김재호: ______.

5. 다음을 듣고 이어지는 말을 고르세요.

(1) (답:)

① 컴퓨터가 있어요.
② 프엉 씨가 있어요.
③ 사무실 옆에 있어요.
④ 김 대리님 옆에 있어요.

(2) (답:)

① 여기예요.
② 제 작업복이에요.
③ 탈의실에 있어요.
④ 탈의실이 아니에요.

6. 어디에 있어요? [보기]와 같이 번호를 쓰세요.

[보기]

① 

② 

③ 

④ 

7. 여러분 방에 무엇이 있어요? 어디에 있어요? 그림을 그리고 이야기해 보세요.

읽고 말하기

1. 그림을 보고 빈 칸에 알맞은 장소를 쓰세요.

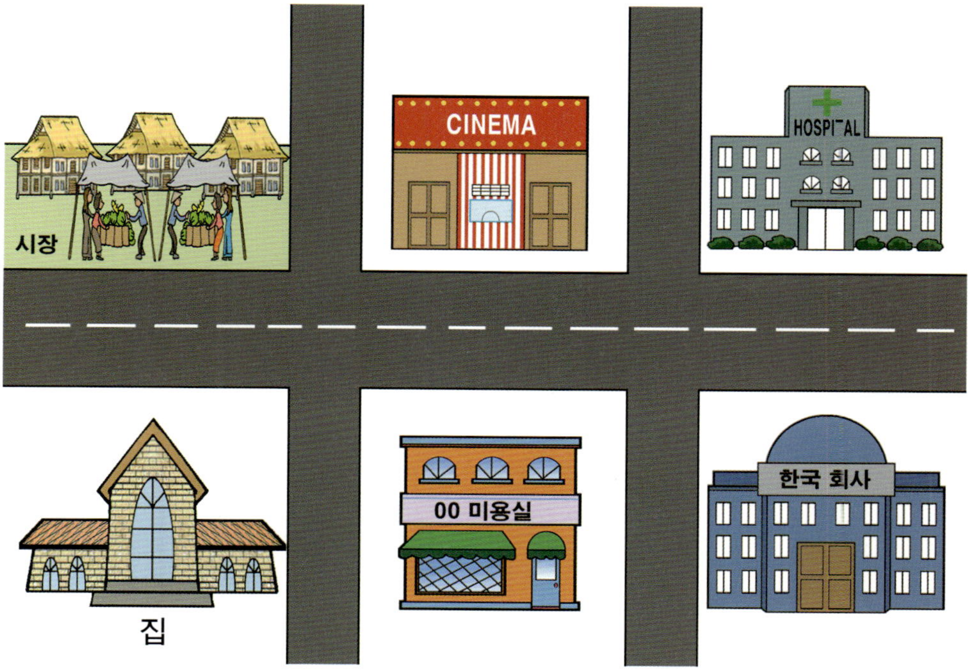

여기는 제 집이에요. 제 집 앞에 ____________ 이/가 있어요.

집 옆에 ____________ 이/가 있어요. 미용실 ____________ 에 영화관이 있어요.

한국 회사는 ____________ 옆에 있어요. 한국 회사 ____________ 에 병원이 있어요.

2. 집 근처에 뭐가 있어요? [보기]와 같이 이야기하세요.

[보기]

투안: 유미 씨 집 근처에 미용실이 있어요?
유미: 네, 있어요.
투안: 어디에 있어요?
유미: 우체국 옆에 있어요.

장소	있어요? 없어요?	어디에 있어요?
미용실	○	**우체국 옆**
학교		
서점		
극장		
병원		
은행		
시장		
공원		

읽고 쓰기

1. 다음을 읽고 질문에 답하세요.

식탁이 많이 있어요. 식탁 위에 음식이 있어요. 쌀국수가 있어요. 반찬이 있어요. 커피가 있어요. 물이 있어요. 식탁 앞에 의자가 있어요. 사람이 있어요. 요리사가 있어요.

(1) 여기가 어디예요?

(2) 여기에 뭐가 있어요?

2. [보기]와 같이 써 보세요.

[보기]

여기는 우리 회사예요. 사무실에 사원들이 있어요. 사무실 옆에 회의실이 있어요. 식당이 있어요. 식당 옆에 휴게실이 있어요. 휴게실 건너편에 회의실이 있어요. 지금 회의실에 사장님이 계세요.

새 어휘

사물함	식탁	반찬	요리사
공원	쌀국수	들	지금

09 회의 자료를 복사해요

학습 목표

- 직장의 부서에서 하는 일을 이야기할 수 있다.

어휘: 부서명, 기본 동사

문법: -어요/아요, 을/를, 에서

듣고 말하기

김재호: 프엉 씨, 뭘 복사해요?

프　엉: 회의 자료를 복사해요.

김재호: 그런데 이건 영업팀 복사기예요.

프　엉: 그래요? 우리 총무팀은 어디에서 복사해요?

김재호: 제 책상 옆에 복사기가 있어요. 거기에서 해요.

프　엉: 네, 알겠습니다.

- 회의 자료
- 복사하다
- 복사기
- 복사해요[복싸해요]
- 책상 옆에[책쌍 여페]

1. 말해 보세요.

[보기]	프엉	김재호
	회의 자료, 복사하다	이것, 영업팀 복사기

(1)	커피, 준비하다	이것, 재무팀 커피
(2)	복사 용지, 찾다	이것, 홍보팀 비품

2. 여러분은 어디에서 무슨 일을 합니까? 이야기해 보세요.

3. 다음을 듣고 들은 내용과 같으면 O, 다르면 X 하세요.

(1) 프엉 씨는 영업팀입니다. (○ , ×)

(2) 총무팀은 복사기가 없습니다. (○ , ×)

4. 다음을 듣고 빈칸에 들어갈 말을 쓰세요.

(1) 김재호: 프엉 씨, ____________________?

프엉: ____________________ 복사해요.

(2) 김재호: 그런데 이건 ____________________.

프엉: 그래요? 우리 총무팀은 ____________________?

(3) 김재호: ____________________ 복사기가 있어요. 거기에서 해요.

프엉: 네, ____________________.

5. 다음을 듣고 이어지는 말을 고르세요.

(1) (답:)

① 밥이 많아요.
② 지금 아침이에요.
③ 거기에 점심이 없어요.
④ 식당에서 점심을 먹어요.

(2) (답:)

① 회의를 준비해요.
② 네, 기술개발팀이에요.
③ 앞으로 잘 부탁드립니다.
④ 아니요, 저는 베트남 사람입니다.

6. 다음을 듣고 메모하세요.

	프엉	김 대리
지금 어디에 있어요?		**사무실**
지금 무엇을 해요?		
지금 어디에서 무엇을 해요?		

7. 여러분은 어디에서 이것을 합니까? [보기]와 같이 동료와 이야기해 보세요.

[보기] 가: 어디에서 옷을 사요? / 어디에서 영화를 봐요?
나: 저는 시장에서 옷을 사요. / 저는 집에서 영화를 봐요.

	[보기]	나	동료
옷을 사다	**시장**		
영화를 보다	**집**		
한국어를 배우다	**여기**		
운동하다	**공원**		
친구를 만나다	**커피숍**		
일하다	**베한전자**		

읽고 말하기

1. 다음을 읽고 질문에 답하세요.

기태: 프엉 씨는 회사에서 뭘 해요?
프엉: 저는 총무팀 신입 사원이에요. 사무용품을 사요.
그리고 사무실에서 자료를 만들어요. 기태 씨는요?
기태: 저는 생산팀에서 일해요. 우리 회사 물건을 생산해요.

(1) 프엉 씨는 총무팀 과장이에요. (○ , ×)

(2) 기태 씨는 회사에서 물건을 생산해요. (○ , ×)

(3) 프엉 씨는 사무실에서 자료를 만들어요. (○ , ×)

2. [보기]와 같이 이야기해 보세요.

[보기]

유미: 기태 씨는 집에서 뭘 해요?
기태: 집에서 음악을 들어요.
유미: 그럼 회사에서 뭘 해요?
기태: 회사에서 물건을 만들어요.

이름	집	회사
기태	음악을 들어요.	물건을 만들어요.

읽고 쓰기

1. 다음을 읽고 질문에 답하세요.

영업팀 이유미 씨

프엉 씨, 지금 뭐 해요?

사무실에서 이메일을 보내요. 유미 씨는요?

저는 회의실에서 회의 자료를 복사해요.
프엉 씨, 제 스테이플러가 사무실에 있어요?

네, 유미 씨 자리에 있어요.

(1) 누가 유미 씨입니까? (답:)

①

②

(2) 프엉 씨는 어디에서 무엇을 해요?

(3) 유미 씨가 무엇을 찾아요?

2. 여러분은 오늘 무엇을 합니까? 동료와의 대화를 만들어 보세요.

10 몇 층에 가요?

학습 목표

- 이동에 관한 표현을 알고 사용할 수 있다.
- 한자어 숫자를 읽고 말할 수 있다.

어휘: 이동 동사, 숫자[1]

문법: 에[2], 몇

듣고 말하기

김재호: 프엉 씨, 몇 층에 가요?

프　엉: 1층이요. 창고에 가요.

김재호: 샘플을 찾아요?

프　엉: 아니요, 복사 용지를 찾아요.

김재호: 복사 용지는 비품실에 있어요.
비품실은 205호예요.

프　엉: 아, 감사합니다.

- 창고
- 샘플
- 복사 용지
- 비품실
- 찾아요[차자요]
- 비품실에[비품시레]

1. 말해 보세요.

[보기]

	프엉	김재호
	1층, 창고	비품실, 205호
(1)	4층, 휴게실	총무팀, 417호
(2)	5층, 기술설비팀	생산팀, 523호

2. 여러분은 오늘 어디에 갑니까? 이야기해 보세요.

3. 다음을 듣고 들은 내용과 같으면 O, 다르면 X 하세요.

(1) 프엉 씨는 4층에 가요. (○ , ×)

(2) 복사 용지는 205호에 있어요. (○ , ×)

4. 다음을 듣고 빈칸에 들어갈 말을 쓰세요.

(1) 프엉 씨, ______________________ 가요?

프엉: 1층이요. ______________________.

(2) 김재호: 샘플을 ______________________?

프엉: 아니요, ______________________ 찾아요.

(3) 김재호: 복사 용지는 비품실에 있어요. ______________________.

프엉: 아, 감사합니다.

5. 다음을 듣고 이어지는 말을 고르세요.

(1) (답:)

① 도서관에 있어요.
② 네, 우체국에 가요.
③ 아니요, 회사에 가요.
④ 아니요, 백화점에 가요.

(2) (답:)

① 몇 호예요?
② 15층에 가요.
③ 090-365-2971이에요.
④ 아니요, 305호에 가요.

6. 다음을 듣고 메모하세요.

(1) 인사팀은 ______________ 에 있어요.

(2) 프엉 씨 전화번호: ________ - ________ - ________

(3) 비품실은 ______________ 예요.

7. 여러분은 어디에서 이것을 합니까? [보기]와 같이 동료와 이야기해 보세요.

[보기] 가: 집이 몇 층에 있어요? / 휴대폰 번호가 몇 번이에요?
나: 집이 2층에 있어요. / 휴대폰 번호가 090-1234-6789예요.

장소	몇	나	동료
집	층		
사무실(팀)	층, 호		
회사 전화번호	번		
휴대폰 번호	번		

읽고 말하기

1. 다음을 읽고 질문에 답하세요.

기태: 프엉 씨, 집에 가요?
프엉: 아니요, 커피숍에 가요. 커피숍에서 친구를 만나요.
기태 씨는 집에 가요?
기태: 아니요, 저는 도서관에 가요.
도서관에서 베트남어를 공부해요.

(1) 프엉 씨는 집에 가요. (○ , ×)

(2) 기태 씨는 도서관에서 베트남어를 공부해요. (○ , ×)

(3) 프엉 씨는 커피숍에서 한국어를 공부해요. (○ , ×)

2. [보기]와 같이 이야기해 보세요.

[보기]

유미: 친구 생일이에요. 어디에 가요?
기태: 노래방에 가요.

상황	어디에 가요? 뭘 해요?
친구 생일이에요.	**노래방에 가요. 노래를 불러요.**
주말이에요.	
피곤해요.	
한국 친구를 만나요.	

읽고 쓰기

1. 다음을 읽고 질문에 답하세요.

<프엉의 이야기>

내일이 어머니 생신이에요. 저는 백화점에 가요. 백화점에서 어머니 선물을 사요. 어머니 선물은 옷이에요. 여자 옷은 백화점 3층에 있어요.

(1) 프엉이 어디에 가요?

(2) 프엉이 무엇을 사요?

(3) 프엉이 백화점 몇 층에 가요?

2. [보기]와 같이 써 보세요.

[보기]

저는 회사에 다녀요. 베한전자 인사팀에서 일해요. 인사팀은 3층에 있어요. 지금 우리 팀에서 신입사원을 뽑아요. 인사팀 전화번호는 024-3831-2017이에요.

새 어휘

어머니	선물	지금
생신	신입사원	

11 오늘도 열심히 해 주세요. 파이팅!

학습 목표

- 날짜 어휘를 알고 격식체의 사용법을 익혀 직장에서 말할 수 있다.

어휘: 날짜, 시간

문법: -습니다/습니까, 과/와, 도

듣고 말하기

최동진: 3월 16일 금요일 아침 조회를 시작하겠습니다.
오늘 자재가 들어옵니다.
입고 확인은 기태 씨와 투안 씨가 합니다.

기태, 투안: 네, 알겠습니다.

최동진: 그리고 오늘 짱 씨는 작업 라인이 변경됩니다.
짱 씨는 5번 라인에서 일합니다.
자, 오늘도 열심히 해 주세요. 파이팅!

조회	작업 라인	파이팅	변경됩니다 [변경됨니다]
자재	변경되다	시작하겠습니다 [시자카겓씀니다]	
들어오다	그리고		
입고 확인	조회를시작하겠습니다	입고[입꼬]	

1. 말해 보세요.

[보기]

최동진	투안
입고 확인은 투안 씨가 합니다.	네, 알겠습니다.

(1) 오늘 투안 씨는 작업 라인이 변경됩니다. 네, 알겠습니다.

(2) 오늘도 열심히 해 주세요. 파이팅! 파이팅!

2. 직원들과 파이팅! 해 보세요.

3. 다음을 듣고 들은 내용과 같으면 O, 다르면 X 하세요.

(1) 오늘은 월요일입니다. (○ , ×)

(2) 입고 확인은 짱 씨와 투안 씨가 합니다. (○ , ×)

4. 다음을 듣고 빈칸에 들어갈 말을 쓰세요.

(1) 최동진: 3월 16일 ______ 시작하겠습니다.

오늘 ______ 가 들어옵니다.

(2) 최동진: 입고 확인은 ______ 투안 씨가 합니다.

두 사람: 네, ______.

(3) 최동진: 그리고 오늘 짱 씨는 작업 라인이 ______.

짱 씨는 오늘 5번 라인에서 일합니다.

자, ______ 열심히 해 주세요. 파이팅!

5. 다음을 듣고 이어지는 말을 고르세요.

(1) (답:)

① 네, 알겠습니다.

② 네, 내일 합니다.

③ 아니요, 없습니다.

④ 아니요. 아침에 있습니다.

(2) (답:)

① 네, 금요일입니다.

② 네, 월요일입니다.

③ 아니요, 12일입니다.

④ 아니요. 제 생일입니다.

6. 다음을 듣고 메모하세요.

오늘	(1) 월 일 요일 (2) 투안 씨
직원들	(3)
점심시간	(4) 을/를 합니다.

7. 아침 조회 내용 만들고 이야기해 보세요.

3월 16일 금요일

- 자재 입고
- 입고 확인 : 기태, 투안
- 작업라인 변경 : 짱

구호 : 파이팅!

3월 18일 월요일

- 자재 입고
- 입고 확인 : 짱, 투안
- 오늘 휴가 : 기태

구호 : 아자! 아자!

3월 20일 수요일

- 오후 2시 회의
- 회의 자료 복사 : 프엉
-

구호 :

-
-
-

구호 :

읽고 말하기

1. 다음을 읽고 내용과 같으면 O, 다르면 X 하세요.

20 년 월

일요일	월요일	화요일	수요일	목요일	금요일	토요일
				1	2	3 ← 다낭 여행
4 → 다낭 여행	5 자재 입고	6 야근	7 짱과 저녁식사	8 쇼핑 친구 선물	9 친구 생일	10

(1) 토요일과 일요일에 여행을 합니다. (○ , ×)

(2) 화요일에 짱과 저녁을 먹습니다. (○ , ×)

(3) 주중에 야근이 있습니다. (○ , ×)

(4) 목요일에 친구 선물을 사러 갑니다. (○ , ×)

(5) 월요일에 자재가 들어옵니다. (○ , ×)

2. 주간 일정표를 만들어 보세요.

20　　년　　월

일요일	월요일	화요일	수요일	목요일	금요일	토요일
				1	2	3
4	5	6	7	8	9	10

〈집/휴식〉, 〈 야근 〉, 〈팀/회식〉, 〈백화점/쇼핑〉,
〈극장/영화〉, 〈거래처/방문〉, 〈　　　/　　　〉

3. 일정표를 보고 이야기해 보세요.

[보기]

가: 월요일에 무엇을 합니까?

나: 월요일에 거래처를 방문합니다.

가: 수요일에 무엇을 합니까?

나: 수요일에 야근을 합니다.

가: 금요일에 무엇을 합니까?

나: 금요일에 극장에서 영화를 봅니다.

	동료1	동료2
화요일		
목요일		
토요일		
일요일		

읽고 쓰기

1. 다음을 읽고 질문에 답하세요.

요즘

요즘에 한국 핸드폰이 유행입니다. 베트남에서 인기가 좋습니다. 디자인이 예쁩니다. 그리고 편리합니다.

이번주

저는 이번 주 토요일에 다낭에 갑니다. 여행을 합니다. 다낭에서 친구를 만납니다. 그 친구와 밥을 먹습니다. 그리고 이야기도 합니다.

다음 주 토요일

저는 다음 주 토요일에 축구 경기장에 갑니다. 베트남과 태국의 축구 경기가 있습니다. 그 경기를 봅니다. 저는 베트남을 응원합니다.

(1) 요즘 왜 한국 핸드폰이 유명합니까?

(2) 투안은 이번 주 토요일에 어디에 갑니까? 거기에서 무엇을 합니까?

(3) 다음 주 토요일에 어떤 경기가 있습니까?

(4) 나는 누구를 응원합니까?

2. 다음 글을 써 보세요.

이번 주 토요일, 이번 주 일요일, 다음 주 토요일, 다음 주 일요일	다낭, 하노이, 호찌민, 백화점, 극장, 경기장, 카페

저는 ______________ 에 ______________ 에 갑니다.

거기에 ______________ 갑니다.

여행을 하러, 친구를 만나러, 경기를 보러, 쇼핑을 하러, 커피를 마시러

거기에서 ______________

친구를 만나다, 밥을 먹다, 커피를 마시다, 술을 마시다, 우리 팀을 응원하다, 옷을 사다

그리고 ______________.

이야기를 하다, 술을 마시다, 집에 돌아오다, 바지를 사다

새 어휘

구호	거래처	유행	응원하다
아자!	방문	편리하다	
주중	휴식	축구	
야근	회식	경기장	

12 자재가 몇 상자 있어요?

학습 목표

• 숫자와 단위명사를 알고 상황에 맞게 물건의 수를 셀 수 있다.

어휘: 숫자, 단위명사

문법: 숫자 세기, 한테, 에[3]

듣고 말하기

박기태: 투안 씨, 자재가 모두 몇 상자 있어요?

투 안: 서른 네 상자 있어요.

박기태: 네? 서른 상자 아니에요?

투 안: 오늘 입고는 서른 상자예요.
그리고 재고가 네 상자 있어요.

박기태: 아, 그렇군요. 그런데 입고 확인서가
투안 씨한테 있어요?

투 안: 네, 저한테 있어요.

박기태: 입고 자재의 총액은 얼마예요?

투 안: 서른 상자에 삼천만 동이에요.

상자	그런데	파이팅
재고	총액	그렇군요
입고 확인서	(아), 그렇군요.	[그러쿠뇨/그러쿤뇨]

1. 말해 보세요.

[보기] 박기태	투안
자재가 모두 몇 상자 있어요?	서른 네 상자 있어요.

(1) A4 몇 상자 — 2

(2) 1 상자에 얼마예요? — 350,000동

2. 물건의 수와 가격을 어떻게 물어 봐요? 묻고 대답해 보세요.

3. 다음을 듣고 들은 내용과 같으면 O, 다르면 X 하세요.

(1) 자재가 모두 서른 네 상자입니다. (○ , ×)

(2) 입고 확인서는 기태 씨한테 있습니다. (○ , ×)

4. 다음을 듣고 빈칸에 들어갈 말을 쓰세요.

(1) 박기태: 투안 씨, 자재가 모두 ________ 있어요?
투안: ________ 있어요.

(2) 박기태: 네? ________ 아니에요?
투 안: 오늘 입고는 ________. 그리고 재고가 ________ 있어요.

(3) 박기태: 아, 그렇군요. 그런데 ________ 투안 씨한테 있어요?
투 안: 네, ________ 있어요.

(4) 박기태: 입고 자재의 총액은 ________?
투 안: 서른 상자에 ________.

5. 다음을 듣고 이어지는 말을 고르세요.

(1) (답:)

① 네, 있습니다.
② 자재 상자입니다.
③ 네, 확인했습니다.
④ 네 상자가 있습니다.

(2) (답:)

① 네. 재고를 확인해요.
② 아니요. 저한테 없어요.
③ 네. 입고 확인서를 보내요.
④ 아니요. 짱 씨한테 있어요.

6. 다음을 듣고 메모하세요.

제품	LCD 부품
수량	오늘 : 100 개 내일 : (1) ______ 개
단가	(2) ______ 동

7. 입고 확인서를 만들고 이야기해 보세요.

주임	대리	과장

입고 확인서				
번호	제품	수량	단가(VND)	금액
1	A4 BOX	10	35,000	700,000
2	LCD 패널	150	3,000,000	450,000,000

주임	대리	과장

입고 확인서				
번호	제품	수량	단가(VND)	금액
1				
2				

읽고 말하기

1. 다음을 읽고 내용과 같으면 O, 다르면 X 하세요.

(1) 맥주는 한 병에 30,000동입니다. (○ , ×)

(2) 과자는 두 봉지에 26,000동입니다. (○ , ×)

(3) 피자는 한 조각에 29,000동입니다. (○ , ×)

(4) 치마 한 벌에 99,000동입니다. (○ , ×)

(5) 이번 주는 할인 상품이 없습니다. (○ , ×)

2. 마트 전단지를 만들어 보세요.

3. 전단지를 보고 이야기해 보세요.

[보기]

가: 'Big C' 에서 세일을 해요.

나: 아, 그래요? 그런데 뭐가 싸요?

가: 과일이 싸요. 요즘 파파야가 맛있어요.

나: 그렇군요. 파파야는 한 개에 얼마예요?

가: 파파야는 한 개에 만이천구백 동이에요.

나: 그럼, 파파야를 사요.

가: 좋아요. 망고도 한 개 사요.

	동료1	동료2
피자		
맥주		

읽고 쓰기

1. 다음을 읽고 질문에 답하세요.

오늘 저녁에 기숙사에서 파티를 합니다. 그래서 마트에 갑니다. 파파야를 네 개 삽니다. 그리고 망고도 삽니다. 망고는 1Kg을 삽니다. 과자를 삽니다. 과자는 3+1입니다. 그래서 네 봉지 삽니다. 맥주를 여섯 병 삽니다. 그리고 피자도 삽니다. 피자를 세 판 삽니다.

저는 쇼핑을 좋아합니다. 그래서 쇼핑을 하러 갑니다. 옷가게에서 바지를 두 벌 삽니다. 와이셔츠를 세 벌 삽니다. 모자는 한 개 삽니다. 그리고 신발 가게에서 구두도 한 켤레 삽니다.

(1) 마트에서 무엇을 삽니까?

(2) 과자를 왜 네 봉지 삽니까?

(3) 옷가게에서 무엇을 삽니까?

(4) 구두를 몇 켤레 삽니까?

2. 다음 글을 써 보세요.

저는 __________ 에 갑니다.

마트, 백화점, 쇼핑몰

거기에 __________ 갑니다.

음식을 사러, 쇼핑을 하러,
옷을 사러, 신발을 사러

_____ 에서 _____ 을/를 _____ 삽니다.

옷 2벌, 사과 5개, 피자 2판, 신발 1, A4 2, 오징어 5

그리고 _____ 을/를 _____ 삽니다.

그리고 _____ 도 _____ 삽니다.

새 어휘

부품	단가	오징어	와이셔츠
제품	금액	과자	
수량	파파야	봉지	

13 열 시에 회의가 있어요

학습 목표

- 시간을 표현할 때 필요한 어휘와 문법을 사용하여 시간을 묻고 대답할 수 있다.

어휘: 시간, 매/마다

문법: 에[4], 만

듣고 말하기

투　안: 오늘 오전에 회의가 있어요?

박기태: 네, 열 시에 회의가 있어요.

투　안: 매일 오전에 회의를 해요?

박기태: 아니요. 매주 월요일에만 해요.
　　　　그런데 지금 몇 시예요?

투　안: 아홉 시 사십 분이에요.

박기태: 아, 그래요? 빨리 가야겠어요.

- 회의 시간
- 빨리 가야겠어요
- 몇 시[멷 씨]
- 아홉 시 사십 분[아홉 씨 사십 뿐]
- 가야겠어요[가야겓써요]

1. 말해 보세요.

[보기]

투안	박기태
오늘 오전/ 회의	매주 월요일

(1) 다음 주 월요일/ 창고 정리　　매달 1일

(2) 내일 저녁/ 회식　　매년 12월

2. 직장에서 무엇을 합니까? 언제 합니까? 이야기해 보세요.

몇 시에 회의를 해요?

언제 재고 확인을 합니까?

오전 11시에 회의를 해요.

매주 화요일에 확인해요.

3. 다음을 듣고 들은 내용과 같으면 O, 다르면 X 하세요.

(1) 오늘 회의를 해요. (○ , ×)

(2) 매일 회의가 있어요. (○ , ×)

4. 다음을 듣고 빈칸에 들어갈 말을 쓰세요.

(1) 투 안: 오늘 오전에 회의가 있어요?

박기태: 네, ________________ 회의가 있어요.

(2) 투 안: 매일 오전에 회의를 해요?

박기태: 아니요, ________________ 해요.

(3) 박기태: 그런데 지금 ________________ ?

투 안: ________________ 이에요.

박기태: 아, 그래요? 빨리 가야겠어요.

5. 다음을 듣고 이어지는 말을 고르세요.

(1) (답:)

① 아니요. 다음주예요.

② 네. 매주 회의를 해요.

③ 아니요. 회의가 있어요.

④ 네. 이번주에만 회의가 있어요.

(2) (답:)

① 아니요. 매일 먹어요.

② 네. 12시에만 먹어요.

③ 아니요. 점심을 먹어요.

④ 네. 1시가 점심시간이에요.

6. 다음을 듣고 메모하세요.

입고 확인 시간	오후	시	분
입고 요일	매주		
입고 확인서 제출 시간			

7. 날마다 뭘 해요? 매주 뭘 해요? 해마다 뭘 해요?
[보기]와 같이 동료와 이야기해 보세요.

[보기] 가: 매주 토요일 오전에 축구를 해요. 유미 씨는 주말에 뭘 해요?
나: 저는 일요일마다 친구를 만나요.

	나		동료	
[보기]	**매주 토요일 오전**	**축구를 하다**	**매주 일요일**	**친구를 만나다**
1	매일		매일	
2	매주		매주	
3	매달		매달	
4	매년		매년	

읽고 말하기

1. 다음은 서진수 주임의 업무입니다. 다음을 읽고 질문에 답하세요.

개 인 일 간 업 무 표		
시간	업무 일정 및 계획	장소
오전 08:30	아침 조회	1번 라인 앞
오전 10:10	생산팀 주임 회의	102호
오후 13:00	창고 정리 확인	지하 창고
오후 15:20	입고 확인서 검토	
오후 16:00	교대 근무자 확인	
저녁 19:00	생산팀 회식	회사 앞 식당

(1) 오늘 몇 시에 회의를 합니까?

(2) 오늘 몇 시에 창고에 갑니까?

(3) 오늘 오후 네 시에 뭘 합니까?

(4) 오늘 저녁에는 뭘 합니까?

2. 여러분은 매일 어떻게 생활합니까? 하루의 일과를 [보기]와 같이 이야기해 보세요.

[보기]

시간	일정
아침 7:00	통근 버스
오전 8:00	아침 조회
낮 12:00	점심 식사
오후 3:00	재고 확인
저녁 18:00	퇴근
밤 21:00	드라마

기태: 몇 시에 통근 버스를 타요?
유미: 매일 아침 일곱 시에 버스를 타요.
기태: 몇 시에 아침 조회를 해요?
유미: 오전 여덟 시에 조회가 있어요.
기태: 언제 퇴근해요?
유미: 저녁 여섯 시에 집에 가요.

나		동료	
시간	일정	시간	일정

읽고 쓰기

1. 다음은 프엉 씨의 토요일입니다. 다음을 읽고 질문에 답하세요.

오늘은 토요일입니다. 프엉 씨는 주말마다 아침 7시에 일어납니다. 8시에 아침 식사를 합니다. 프엉 씨는 매주 토요일 오전에 집을 청소합니다. 그리고 12시에 점심 식사를 합니다. 오후 2시에는 친구를 만납니다. 그리고 카페에 갑니다. 프엉 씨하고 친구는 모두 커피를 좋아합니다. 친구와 카페에서 커피를 마십니다. 6시에 집에 옵니다. 그리고 7시에 집에서 저녁을 먹습니다. 프엉 씨는 토요일 밤에는 집에서 쉽니다. 그리고 한국 드라마를 봅니다. 드라마가 재미있습니다. 11시에 잡니다.

(1) 윗글의 내용과 같은 것은 무엇입니까? (답:)

① 프엉 씨는 오전에 친구를 만납니다.

② 프엉 씨는 정오에 점심을 먹습니다.

③ 프엉 씨는 아침에 커피를 마십니다.

④ 프엉 씨 친구는 밤에 드라마를 봅니다.

(2) 무슨 그림이 먼저입니까? 순서대로 번호를 쓰세요.

(→ → → → →)

①

②

③

④

⑤

⑥

2. <주말 이야기>를 써 보세요.

새 어휘

다음 주
창고 정리
회식
확인하다
제출
업무
일정
생산팀
교대 근무자
회식
통근 버스
퇴근하다
드라마
주말 이야기

14 이제 어둡지 않아요

학습 목표

- 묘사할 때 필요한 어휘를 사용하여 상태를 표현할 수 있다.
- 부정을 표현하는 문법을 사용하여 말할 수 있다.

어휘: 형용사, ㅂ 불규칙

문법: -지 않다, 안

듣고 말하기

투　안: 이 회의실은 아주 넓어요. 오늘 직원들이 많이 모여요?

박기태: 네, 오늘 회의에 사람이 많이 와요.

투　안: 그런데 회의실이 좀 어두워요.

박기태: 그래요? 제가 불을 켤게요. 지금은 어때요?

투　안: 이제 어둡지 않아요. 고마워요.

박기태: 아니에요.

아주	제가 불을 켤게요	넓어요[널버요]
직원+들	이제	많이[마니]
많이	고마워요	켤게요[켤께요]
모이다	아니예요	어둡지 않아요[어둡찌 아나요]

1. 말해 보세요.

[보기]	박기태	투안
	회의실/어때요?	아주 넓다/어둡지 않다

(1) 식당/어때요?　　음식이 맛있다/의자가 나쁘지 않다

(2) 사무실/어때요?　　깨끗하다/시끄럽지 않다

2. 우리 회사는 어떻습니까? 이야기해 보세요.

3. 다음을 듣고 들은 내용과 같으면 O, 다르면 X 하세요.

(1) 회의실이 좁지 않습니다. (○ , ×)

(2) 오늘 회의에 직원이 많이 옵니다. (○ , ×)

4. 다음을 듣고 빈칸에 들어갈 말을 쓰세요.

(1) 투 안: 이 회의실은 아주 ______________________.
오늘 직원들이 많이 모여요?
박기태: 네, 오늘 회의에 사람이 ______________________.

(2) 투 안: 그런데 회의실이 좀 ______________________.
박기태: 그래요? 제가 ______________________.

(3) 박기태: 지금은 ______________________?
투 안: 이제 ______________________. 고마워요.
박기태: 아니에요.

5. 다음을 듣고 이어지는 말을 고르세요.

(1) (답:)

① 아니요, 적어요.
② 네, 3시에 해요.
③ 네, 많지 않아요.
④ 아니요, 회의실이 있어요.

(2) (답:)

① 네, 아주 작아요.
② 아니요, 가벼워요.
③ 네, 상자가 없어요.
④ 아니요, 투안 씨예요.

6. 다음을 듣고 메모하세요.

여기가 어디예요?

창고가 어때요?

상자가 어때요?

7. 그림을 보고 [보기]와 같이 이야기하세요.

[보기] 가: 209호 책상이 어때요?
나: 책상이 넓어요. 그리고 책상 위에 책이 많아요.

209호

310호

읽고 말하기

1. 다음을 읽고 질문에 답하세요.

우리 팀은 총무부입니다. 우리 부장님은 키가 작습니다. 그런데 목소리는 작지 않습니다. 부장님 책상은 창문 앞에 있습니다. 부장님 책상이 제일 넓습니다.
부장님 책상 앞에 과장님 책상이 있습니다. 과장님은 친절합니다. 과장님 책상 위에 펜이 많습니다. 과장님은 펜을 많이 씁니다. 과장님은 키가 큽니다. 안경을 씁니다.

(1) 부장님은 어떻습니까?

① 부장님 키가 큽니다.
② 부장님 책상이 좁아요.
③ 부장님 목소리가 작아요.
④ 부장님 책상은 창문 근처에 있습니다.

(2) 누가 과장님입니까?

2. 우리 회사 사람들이 어떻습니까? 이야기해 보세요.

[보기]

프엉: 생산팀 과장님이 어때요?

투안: 우리 과장님은 눈이 큽니다. 그리고 다리가 깁니다. 친절합니다.

	누구	어때요?
보기	과장님	눈이 커요. 다리가 길어요. 친절해요.
1		
2		
3		
4		
5		

읽고 쓰기

1. 다음을 읽고 질문에 답하세요.

여기는 우리 고향입니다. 고향에 백화점이 있습니다. 백화점은 아주 높습니다. 주말에 사람들이 많습니다. 월요일에는 사람이 많지 않습니다. 백화점 옆에 공원이 있습니다. 공원이 넓습니다. 그리고 예쁩니다. 공원에서 아이스크림을 팝니다. 아이스크림이 차갑습니다. 그리고 맛있습니다.

(1) 공원이 어디에 있습니까?

(2) 백화점은 낮습니까?

(3) 공원이 어떻습니까?

(4) 아이스크림이 어떻습니까?

2. 우리 고향은 어떻습니까? 고향 그림을 그리고 써 보세요.

여기는 우리 고향입니다.

새 어휘

식당	시끄럽다	제일	예쁘다
음식	종이	친절하다	아이스크림
맛있다	상자	펜	팔다
깨끗하다	목소리	백화점	차갑다

15 그다음에 포장팀에 작업을 하러 갔어요

학습 목표

- 순서를 설명할 때 사용하는 어휘를 사용하여 말할 수 있다.
- 과거의 일을 표현하는 문법을 사용할 수 있다.
- 이동의 목적을 표현하는 문법을 사용할 수 있다.

어휘: 순서, 르 불규칙

문법: -었어요/았어요, -(으)러 가다

듣고 말하기

박기태: 투안 씨, 어제 일이 많았어요?

투　안: 어제 저는 엄청 바빴어요. 먼저 오전에 1번 라인에서 작업을 했어요. 그러고 나서 오후에는 창고에서 자재를 확인했어요. 그다음에 포장팀에 작업을 하러 갔어요. 거기에서 박스를 잘랐어요.

박기태: 아이구, 그랬어요? 힘들지 않았어요?

투　안: 조금 힘들었어요. 하지만 괜찮았어요.

엄청	자재를 확인하다	하지만	괜찮았어요
박스	포장팀	아이구	[괜차나써요
작업을 하다	힘들다	그랬어요?	/ 괜차낟써요]

1. 말해 보세요.

[보기]	박기태	투안
	힘들다	조금 힘들다/괜찮다
(1)	몸이 아프다	조금 아프다/약을 먹다
(2)	일이 어렵다	조금 어렵다/열심히 하다

2. 주말에 어디에 갔어요? 왜요? 이야기해 보세요.

주말에 어디에 갔어요?

백화점에 신발을 사러 갔어요.

3. 다음을 듣고 들은 내용과 같으면 O, 다르면 X 하세요.

(1) 투안은 어제 오전에 포장팀에서 일을 했어요. (○ , ×)

(2) 투안은 어제 오후에 창고에 자재를 확인하러 갔어요. (○ , ×)

4. 다음을 듣고 빈칸에 들어갈 말을 쓰세요.

(1) 박기태: 투안 씨, 어제 일이 ______________________?

투 안: 어제 저는 ______________________.

(2) 투 안: __________ 오전에 1번 라인에서 작업을 했어요.

__________ 오후에는 창고에서 자재를 확인했어요.

그다음에 포장팀에 ______________________.

거기에서 박스를 ______________________.

(3) 박기태: 아이구, 그랬어요? 힘들지 않았어요?

투 안: 조금 힘들었어요. ______________________.

5. 다음을 듣고 이어지는 말을 고르세요.

(1) (답:)

① 저는 비품실에 갔어요.

② 아까 기태 씨가 갔어요.

③ 복사 용지를 찾으러 갔어요.

④ 비품실은 창고 옆에 있어요.

(2) (답:)

① 네, 운동했어요. 하지만 힘들었어요.

② 아니요, 운동했어요. 하지만 쉬었어요.

③ 네, 힘들었어요. 하지만 재미있었어요.

④ 아니요, 힘들었어요. 하지만 어려웠어요.

6. 기태 씨는 오늘 뭘 해요? 다음을 듣고 메모하세요.

기태 씨는 오늘 오전에 먼저 (1) ______________________ 에 가요.

영업팀이 바빠요. 그래서 (2) ______________________ 러 가요.

그다음에 (3) ______________________ 러 식당에 가요.

그 후에 우리 팀 (4) ______________________ 에 가요.

7. 여러분은 오늘 어디에 가요? 왜요? [보기]와 같이 이야기하세요.

[보기] 가: 프엉 씨, 오늘 바빠요?
나: 유미 씨를 만나러 영업팀에 가요.
가: 언제 영업팀에 가요?
나: 먼저 지금 점심을 먹어요. 그러고 나서 두 시에 가요.

누가	언제	어디에	뭘 하러 가요?
프엉 씨	두 시	영업팀	유미 씨를 만나러 가요

읽고 말하기

1. 다음을 읽고 질문에 답하세요.

오늘 오후에 창고에 일을 하러 갔어요. 먼저 창고 문의 비밀번호를 눌렀어요. 그리고 문을 열었어요. 그다음에 창고 불을 켰어요.
창고 안에서 저는 재고를 확인했어요. 그 후에 재고 확인서를 썼어요. 그러고 나서 창고를 정리했어요. 창고 정리는 힘들지 않았어요. 하지만 시간이 많이 걸렸어요. 마지막으로 창고 불을 껐어요. 그리고 문을 닫았어요.

(1) 오늘 오후에 재고 확인서를 썼어요. 그 전에 무엇을 했어요? (답: ________)

① 창고 불을 껐어요.
② 재고를 확인했어요.
③ 창고를 정리했어요.
④ 창고 문을 닫았어요.

(2) 창고 정리가 어땠어요?

________________ . 하지만 ________________ .

(3) 처음에 뭘 했어요? 그다음에는 뭘 했어요? 순서대로 쓰세요.

(답 : ③ →   →   →   )

①

②

③

④

2. 이 일을 어떻게 합니까? 먼저, 다음에, 마지막에 무엇을 합니까? [보기]와 같이 이야기 해 보세요.

[보기]

프엉: 복사 용지를 어떻게 신청합니까?

김 대리: 먼저 복사 용지를 확인하러 비품실에 가요. 다음에 비품 신청서를 써요. 그러고 나서 과장님에게 결재를 받으러 가요. 마지막으로 비품 신청서를 구매팀에 내요.

보기	복사 용지를 신청해요.
1	먼저 복사 용지를 확인하러 비품실에 가요.
2	다음에 비품 신청서를 써요.
3	그러고 나서 과장님에게 결재를 받으러 가요.
4	마지막으로 비품 신청서를 구매팀에 내요.

1	
2	
3	
4	

읽고 쓰기

1. 다음을 읽고 질문에 답하세요.

김치를 어떻게 만들어요?

재료: 배추, 소금, 양념(무, 파, 마늘 등)

1. 먼저 김치 재료를 준비해요.
2. 배추를 씻어요. 그리고 썰어요. 그다음에 소금을 뿌려요.
3. 다음 날 양념 재료를 씻어요. 그 후에 양념 재료를 썰어요.
4. 그러고 나서 양념을 만들어요.
5. 다음에 배추에 양념을 넣어요.
6. 끝으로 김치를 김치통에 담아요.

(1) 처음에 뭘 합니까?

(2) 소금을 언제 뿌립니까?

(3) 마지막에 뭘 합니까?

2. 무슨 요리를 알아요? 어떻게 만들어요? 써 보세요.

어떻게 만들어요?

재료:

1.

2.

3.

4.

5.

6.

새 어휘

몸	재고 확인서	재료	썰다
약	시간이 걸리다	배추	넣다
열심히	신청하다	씻다	김치
백화점	결재를 받다	소금	김치통
비밀 번호	구매팀	뿌리다	담다
불을 켜다	내다	양념	

16 점심을 많이 드세요

학습 목표

- 구내식당에서 사용하는 어휘를 알고 표현할 수 있다.
- 시간의 경과를 나타내는 표현을 알고 말할 수 있다.

어휘: 식기, 구내식당

문법: … 부터 … 까지, 한테서

듣고 말하기

투　안: 아, 배가 고파요.

박기태 : 투안 씨, 오전에 일이 많았어요?

투　안: 네. 주임님한테서 일을 많이 받았어요.
아홉 시부터 지금까지 계속 자재를 확인했어요.

박기태 : 그래요? 점심을 많이 드세요. 그리고 힘내요.
자, 여기 숟가락하고 젓가락이요.

투　안: 네, 고마워요.

- 계속
- 힘내다
- 숟가락
- 젓가락
- 많았어요[마나써요/마낟써요]
- 숟가락[숟까락]
- 젓가락[젇까락]

1. 말해 보세요.

[보기]	박기태	투안
	오전에 일이 많았어요?	9시부터 지금까지 계속 자재를 확인했어요.

(1) 어제 뭘 했어요? 　　　아침부터 저녁까지 계속 일했어요.

(2) 누구한테서 일을 받았어요? 　　　김 과장님한테서 일을 받았어요.

2. 오전에 무엇을 했어요? 이야기해 보세요.

3. 다음을 듣고 들은 내용과 같으면 O, 다르면 X 하세요.

(1) 투안은 오전에 바빴습니다. (○ , ×)

(2) 두 사람은 아까 점심을 먹었습니다. (○ , ×)

4. 다음을 듣고 빈칸에 들어갈 말을 쓰세요.

(1) 박기태: 오전에 일이 ?

투 안: 네, 일을 많이 받았어요.

(2) 투 안: 아홉 시부터 계속 자재를 확인했어요.

박기태: 그래요? 점심 많이 . 그리고 .

(3) 박기태: 자, 여기 하고 이요.

투 안: 네, .

5. 다음을 듣고 이어지는 말을 고르세요.

(1) (답:)

① 네, 오후부터입니다.
② 네, 지금까지 자재를 확인했어요.
③ 아니요, 오전부터 일을 했습니다.
④ 아니요, 점심시간은 한 시까지입니다.

(2) (답:)

① 김 대리와 일을 했습니다.
② 주임님한테 말을 했습니다.
③ 주임님한테서 일을 받았습니다.
④ 김 대리한테서 일을 배웠습니다.

6. 다음을 듣고 메모하세요.

오후 회의	(1) 회의 시간이		
	(2)	부터	까지
박기태	(3)		들었어요?
투안	(4)		들었어요.

7. 다음 공지를 보고 이야기해 보세요.

회의 시간

- 시간 : 15:00 ~ 17:00
- 장소 : 2층 회의실

가을 워크숍

- 일정 : 3월 17일 ~18일
- 시간 : 토요일 14:00 ~
  일요일 13:00

장소 : 다낭 플라워 호텔

동창회 공지

- 일시 : 3/16, 금요일
  18:00 ~ 21:00
- 장소 : 하노이 호텔
- 회비 : 200,000동

입고 확인

- 자재 입고 날짜 : 3/15,
  목요일
- 입고 시간 : 09:00~
- 담당자 : 박기태, 투안

읽고 말하기

1. 다음을 읽고 내용과 같으면 O, 다르면 X 하세요.

직원 역량 강화 워크숍 일정표

□ **일 시:** 2018년 3월 17일(토) 14:00 ~ 3월 18일(일) 13:00
□ **장 소:** 다낭 플라워 호텔
□ **주요 일정**

시 간	1일차 3월 17일 (토)	2일차 3월 18일 (일)
8:00~9:00		아침 식사
9:00~11:00		팀 1년 목표 세우기
11:00~12:00		팀 목표 발표
12:00~13:00		점심 식사
13:00~14:00	워크숍 장소 도착	귀 가
14:00~15:00	방 배정 및 휴식	
15:00~17:00	리더십 강화 특강 (강사: 정혜라)	
17:00~18:00	팀워크 강화 특강 (강사: 송은지)	
18:00~19:00	저녁 식사	
19:00~21:00	직원의 밤	

(1) 워크숍은 토요일 아침부터 시작합니다. (○ , ×)

(2) 토요일 두 시부터 세 시까지 방에서 쉽니다. (○ , ×)

(3) 워크숍에서 특강을 두 번 듣습니다. (○ , ×)

(4) 일요일 오전에 팀원들과 1년 목표를 만듭니다. (○ , ×)

(5) 일요일 점심시간은 12시부터입니다. (○ , ×)

2. 워크숍 일정표를 만드세요.

______________ 워크숍 일정표

□ 일 시:

□ 장 소:

□ 주요 일정

시 간	1일차 월 일 ( )	2일차 월 일 ( )
8:00~9:00		아침 식사
9:00~11:00		
11:00~12:00		
12:00~13:00		점심 식사
13:00~14:00		귀 가
14:00~15:00		
15:00~17:00		
17:00~18:00		
18:00~19:00	저녁 식사	
19:00~21:00	직원의 밤	

3. 일정표를 보고 이야기해 보세요.

[보기]

가: 몇 시까지 도착합니까?

나: 　　　　　 시까지 도착합니다.

가: 세 시부터 무엇이 있습니까?

나: 세 시부터 　　　　　 특강이 있습니다.

가: 토요일 저녁 식사 시간은 언제입니까?

나: 저녁 여섯 시부터 일곱 시까지입니다.

읽고 쓰기

1. 다음을 읽고 질문에 답하세요.

저는 요즘 바쁩니다. 평일에 월요일부터 금요일까지 회사에 갑니다. 그리고 토요일에는 여러 가지를 배우러 다닙니다. 주말 아침에 일찍 일어납니다. 7시부터 8시까지 집 앞에서 조깅을 합니다. 아침 공기가 좋습니다. 기분이 상쾌합니다. 8시 반에 아침을 먹습니다. 그리고 한국어 학원에 갑니다. 9시부터 1시까지 한국어를 공부합니다. 학원에 한국 선생님이 있습니다. 한국 선생님한테서 한국어를 배웁니다. 오후에는 친구 집에 갑니다. 제 친구는 컴퓨터를 전공했어요. 3시부터 5시까지 친구한테서 컴퓨터를 배웁니다. 그리고 친구와 함께 밥을 먹습니다. 저녁에는 집 근처 수영장에 갑니다. 8시부터 9시까지 수영을 합니다. 월요일부터 토요일까지 바쁩니다. 그래서 일요일은 집에서 쉽니다.

(1) 이 사람은 요즘에 왜 바쁩니까?

(2) 토요일 오전에는 무엇을 합니까?

(3) 토요일 오후 세 시부터 무엇을 합니까?

(4) 수영은 언제 배웁니까?

2. 요즘 왜 바쁩니까? 다음 글을 써 보세요.

저는 ______________ 바쁩니다.

______________________________ 갑니다.

그리고

새 어휘

바뀌다	일정표	강화	조깅을 하다
워크숍	주요	특강	공기가 좋다
동창회	배정	목표	상쾌하다
일시	및	세우다	전공하다
회비	휴식	귀가	근처

17 무슨 음식을 좋아해요?

학습 목표

- 음식과 맛을 나타내는 어휘를 알고 표현할 수 있다.
- 좋아하는 음식에 대해 묻고 답할 수 있다.

어휘: 음식, 맛

문법: 무슨, 하고

듣고 말하기

박기태: 프엉 씨는 무슨 음식을 좋아해요?

프 엉: 저는 비빔밥을 좋아해요. 그래서 자주 먹어요.

박기태: 그래요? 비빔밥이 맵지 않아요?

프 엉: 아니요. 맛있어요. 기태 씨는 무슨 음식을 좋아해요?

박기태: 저는 다 잘 먹어요. 하하.

프 엉: 그래요? 그럼 다음에 팀원들하고 같이 비빔밥을 먹으러 가요.

비빔밥	같이	맵지 않아요[맵찌 아나요]
그래서	다 잘 먹어요	같이[가치]

1. 말해 보세요.

[보기]

박기태	프엉
무슨 음식을 좋아해요?	저는 비빔밥을 좋아해요.

(1) 무슨 음식을 좋아해요? 저는 분짜를 좋아해요.

(2) 무슨 음식을 좋아해요? 저는 불고기를 좋아해요.

2. 무슨 음식을 좋아해요? 이야기해 보세요.

3. 다음을 듣고 들은 내용과 같으면 O, 다르면 X 하세요.

(1) 프엉 씨한테 비빔밥은 맵습니다. (○ , ×)

(2) 기태는 비빔밥을 안 좋아합니다. (○ , ×)

4. 다음을 듣고 빈칸에 들어갈 말을 쓰세요.

(1) 박기태: 프엉 씨는 ______________ 을 좋아해요?
프 엉: 저는 ______________ 좋아해요. 그래서 자주 먹어요.

(2) 박기태: 그래요? 비빔밥이 ______________ ?
프 엉: 아니요. ______________ . 기태 씨는 ______________ 을 좋아해요?

(3) 박기태: 저는 ______________ . 하하.
프 엉: 그래요? 그럼 다음에 ______________ 비빔밥을 먹으러 가요.

5. 다음을 듣고 이어지는 말을 고르세요.

(1) (답:)

① 네, 음식이 많아요.
② 불고기를 좋아해요.
③ 분짜를 많이 샀어요.
④ 아니요, 좋아하지 않아요.

(2) (답:)

① 저는 비빔밥을 먹어요.
② 프엉 씨랑 같이 먹었어요.
③ 프엉 씨는 비빔밥을 좋아해요.
④ 구내 식당 비빔밥은 안 매워요.

6. 다음을 듣고 메모하세요.

무슨 음식이 맛있어요?	(1) 이 집은 ______ 이 맛있어요. (2) ______ 랑 ______ 도 맛있어요.
프엉 기태	(3) 그럼 ______ 하고 ______ 어때요? (4) ______ 도 같이 먹어요.
주문	(5) 사장님, 여기 ______ 주세요. (6) 그리고 ______ 하고 ______ 주세요.

7. 다음 메뉴를 보고 이야기해 보세요.

비엣비 식당
- 메뉴 -

분짜 ………… 40,000동
짜조 ………… 30,000동
포 …………… 30,000동
컴승 ………… 50,000동
고이 꾸온 …… 55,000동
반쎄오 ……… 50,000동

고향 식당
- 메뉴 -

삼겹살(180g)… 10,000원
갈비(200g)…… 9,000원
삼계탕………… 10,000원
된장찌개……… 7,000원
김치찌개……… 7,000원
비빔밥………… 6,000원

읽고 말하기

1. 다음을 읽고 내용과 같으면 O, 다르면 X 하세요.

4월 16일 - 20일

주 간 식 단 표

	16(월)	17(화)	18(수)	19(목)	20(금)
메뉴	설렁탕 쫄면 순대볶음 시금치 무침 깍두기		김치볶음밥 계란 프라이 콩나물국 탕수육 샐러드 배추김치		불고기 덮밥 미역국 감자조림 오이지무침 배추김치
후식	식혜		수정과		레몬차

(1) 월요일하고 금요일 후식이 같습니다. (○ , ×)

(2) 수요일에 김치볶음밥을 먹습니다. (○ , ×)

(3) 금요일 점심 메뉴에 콩나물국이 있습니다. (○ , ×)

(4) 월요일에 배추김치를 먹습니다. (○ , ×)

2. 주간 식단표를 만드세요.

주 간 식 단 표

4월 16일 - 20일

	16(월)	17(화)	18(수)	19(목)	20(금)
메뉴					
후식					

3. 일정표를 보고 이야기하세요.

[보기]

가: 수요일 메뉴가 뭐예요?

나: 수요일 메뉴는 김치볶음밥이랑 계란 프라이예요.

가: 김치볶음밥은 매워요?

나: 조금 매워요. 하지만 맛있어요.

가: 또 메뉴에 뭐가 있어요?

나: 탕수육하고 샐러드도 있어요.

읽고 쓰기

1. 다음을 읽고 질문에 답하세요.

우리 회사 근처에는 맛집이 많이 있습니다. 비엣비 식당은 베트남 전통 식당입니다. 이 식당에서 여러 베트남 음식을 팝니다. 팀원들 중에 한국 사람들도 이 식당을 좋아합니다. 이 식당에서 쌀국수가 인기가 많습니다. 비엣비 식당의 쌀국수는 맵지 않습니다. 국물이 담백하고 맛있습니다. 그리고 이 식당은 짜조하고 고이 꾸온도 맛있습니다. 저는 팀원들하고 같이 비엣비 식당에 자주 갑니다. 우리 팀 기태 씨는 비엣비 식당에서 껌승을 좋아 합니다.

지난 금요일 저녁에 팀원들이랑 비엣비 식당에 갔습니다. 짜조랑 맥주를 시켰습니다. 그리고 고이 꾸온도 주문했습니다. 다 같이 많이 먹었습니다. 이야기도 많이 했습니다. 정말 즐거웠습니다.

(1) 이 사람 회사 근처에 무엇이 많이 있습니까?

(2) 비엣비 식당에서 무슨 음식이 인기가 많습니까?

(3) 비엣비 식당의 쌀국수는 맛이 어떻습니까?

(4) 기태 씨는 비엣비 식당에서 무슨 음식을 좋아합니까?

(5) 이 사람은 지난 금요일 저녁에 왜 즐거웠습니까?

2. 회사 근처에 맛집이 있습니까? 다음 글을 써 보세요.

우리 회사 근처에 맛집이 많이 있습니다.

식당입니다.

이 식당에서

새 어휘

주간	무침	조림	전통
후식	덮밥	맛집	즐겁다

18 저는 친구들이랑 노래방에 가고 싶어요

학습 목표

- 소망이나 바람을 표현할 수 있다.
- 어떤 일에 대한 능력을 표현할 수 있다.

어휘: 장소[2], 취미

문법: -고 싶다, -(으)ㄹ 수 있다/없다

듣고 말하기

투 안: 유미 씨, 이번 주말에 뭐 해요?

유 미: 집에서 쉬고 싶어요. 투안 씨는요?

투 안: 저는 친구들이랑 노래방에 가고 싶어요.

유 미: 투안 씨, 노래를 잘 불러요?

투 안: 그럼요. 저는 가수 담빈훙(Dam Vinh Hung) 같아요.
한국 노래도 잘 부를 수 있어요.

유 미: 정말요? 저도 투안 씨 노래를 듣고 싶어요.

노래를 부르다	잘 부르다	부를 수 있어요 [부를쑤이써요]
노래방	쉬고 싶어요[쉬고시퍼요]	
담빈훙(Dam Vinj Hung)	같아요[가타요]	

1. 말해 보세요.

[보기]

유미	투안
집에서 쉬다 / 노래를 잘 부르다	노래방에 가다 / 한국 노래도 잘 부르다

(1) 고향에 가다 / 볼링을 잘 치다 — 볼링장에 가다 / 스트라이크도 치다

(2) 영화를 보다 / 축구를 잘하다 — 축구를 하다/ 골도 넣다

2. 이번 주말에 뭐 하고 싶어요? 이야기해 보세요.

3. 다음을 듣고 들은 내용과 같으면 O, 다르면 X 하세요.

(1) 투안 씨는 베트남 노래만 잘 부를 수 있어요. (○ , ×)

(2) 투안 씨는 혼자 노래방에 갈 거예요. (○ , ×)

4. 다음을 듣고 빈칸에 들어갈 말을 쓰세요.

(1) 투 안: 유미 씨, 이번 뭐 해요?

유 미: 집에서 . 투안 씨는요?

(2) 투 안: 저는 친구들이랑 .

짱: 투안 씨, 노래를 잘 ?

(3) 투 안: 그럼요. 저는 가수 담빈훙(Dam Vinh Hung) 같아요.

한국 노래도 .

유 미: 정말요? 저도 투안 씨 노래를 .

5. 다음을 듣고 이어지는 말을 고르세요.

(1) (답:)

① 주말에는 출근하지 않아요.

② 저는 스케이트를 탈 수 있어요.

③ 백화점에서 쇼핑을 하고 싶어요.

④ 주말은 토요일하고 일요일이에요.

(2) (답:)

① 네, 한국을 여행하고 싶어요.

② 아니요, 한국 노래는 아주 쉬워요.

③ 아니요, 저는 노래방에 자주 가요.

④ 네, 한국 노래를 잘 부를 수 있어요.

6. 다음을 듣고 메모하세요.

	투안	유미
내일 무엇을 하고 싶어요?		
무엇을 할 수 없어요?		**볼링을 칠 수 없어요.**

7. 여러분은 주말에 뭘 하고 싶어요? [보기]와 같이 이야기하세요.

[보기] 가: 짱 씨, 주말에 어디에 가고 싶어요?
나: 저는 토요일에 박물관에 가고 싶어요.
가: 누구와 같이 박물관에 가고 싶어요?
나: 남자 친구하고 같이 박물관에 가고 싶어요.

질문	나	동료
어디에 가고 싶어요?		
누구와 같이 가고 싶어요?		
그러고 나서 무엇을 하고 싶어요?		
무엇을 먹고 싶어요?		

읽고 말하기

1. 다음을 읽고 질문에 답하세요.

내일은 토요일이에요. 저는 이번 주 월요일부터 금요일까지 열심히 일했어요. 그래서 주말을 재미있게 보내고 싶어요.
먼저 아침에는 11시까지 자고 싶어요. 그리고 한국 식당에서 친구를 만날 거예요. 김치찌개와 삼계탕을 먹고 싶어요. 오후에는 수영장에서 수영을 하고 싶어요. 여러분은 수영을 할 수 있어요? 사실 저는 수영을 못해요. 그래서 내일 친구한테서 수영을 배울 거예요.

(1) 읽은 내용과 같으면 ○, 다르면 × 하세요.

① 이 사람은 수영을 할 수 있어요. (○ , ×)

② 이 사람은 아침 11시에 일어나고 싶어 해요. (○ , ×)

③ 이 사람은 토요일에 열심히 일할 거예요. (○ , ×)

(2) 오늘은 무슨 요일이에요?

(3) 이 사람은 어디에서 무엇을 먹고 싶어 합니까?

2. [보기]와 같이 이야기하세요.

[보기]
유미: 기태 씨는 기타를 칠 수 있어요?
기태: 네, 저는 기타를 칠 수 있어요. 유미 씨는 기타를 칠 수 있어요?
유미: 아니요. 기타를 못 쳐요. 기타를 배우고 싶어요.

할 수 있어요? / 할 수 없어요?	나	동료
[보기] 기타를 치다	○, ×(circled)	○(circled), ×
자전거를 타다	○, ×	○, ×
쌀국수를 만들다	○, ×	○, ×
볼링을 치다	○, ×	○, ×
한국 노래를 부르다	○, ×	○, ×
말을 타다	○, ×	○, ×
( )	○, ×	○, ×
( )	○, ×	○, ×

읽고 쓰기

1. 다음을 읽고 질문에 답하세요.

저는 주말에 카페에 자주 가요. 물론, 저는 집에서도 커피를 만들 수 있어요. 그런데 카페에는 신선한 주스, 맛있는 차, 케이크와 쿠키도 있어요. 저는 카페에서 친구를 자주 만나요. 친구하고 같이 이야기를 하고 맛있는 디저트도 먹어요. 저는 내일도 카페에 가고 싶어요. 내일은 카페에서 친구를 만나지 않아요. 카페 2층에서 한국어를 공부하고 싶어요. 요즘 사람들이 카페에서 공부를 많이 해요.

(1) 이 사람은 주말에 어디에 자주 갑니까?

(2) 이 사람은 보통 카페에서 무엇을 합니까?

(3) 이 사람은 내일 카페에서 무엇을 하고 싶어 합니까?

2. 주말에 어디에 자주 갑니까? 다음 글을 써 보세요.

저는 주말에 __________________ 에 자주 가요.

새 어휘

재미있게	사실	케이크
김치찌개	미술관	물론
삼계탕	신선한	디저트

19 일주일 동안 다낭에서 쉴 거예요

학습 목표

- 미래의 계획이나 의도를 표현할 수 있다.
- 제안을 하거나 상대방의 의견을 물을 수 있다.

어휘: 여행지, 교통

문법: -(으)ㄹ 거예요, -(으)ㄹ까요[1], 동안

듣고 말하기

투 안: 유미 씨, 휴가 때 뭐 할 거예요?

유 미: 저는 일주일 동안 다낭에서 쉴 거예요.

투 안: 우와! 좋겠네요. 숙소는 예약했어요?

유 미: 아니요. 아직이요. 어떤 숙소가 좋아요?

투 안: 음, 글쎄요. 저도 잘 모르겠어요.
같이 인터넷으로 찾아볼까요?

유 미: 정말요? 고마워요.

휴가 때	인터넷으로 찾아보다	정말요?	뭐 할 거예요 [뭐할꺼예요]
다낭	우와!	좋겠네요	
숙소	음	잘 모르겠어요	쉴 거예요[쉴꺼예요]

1. 말해 보세요.

[보기]

유미: 일주일 / 다낭에서 쉬다 / 어떤 숙소가 좋다

투안: 숙소를 예약하다 / 같이 인터넷으로 찾다

(1) 3일 / 유적지를 여행하다 / 어떤 교통편이 편하다 — 교통편을 예약하다 / 여행 책을 보다

(2) 5일 / 영화를 많이 보다 / 어떤 영화가 재미있다 — 영화표를 예매하다/ 영화 잡지를 읽다

2. 이번 주말에 뭐 하고 싶어요? 이야기해 보세요.

3. 다음을 듣고 들은 내용과 같으면 O, 다르면 X 하세요.

(1) 투안 씨는 다낭 숙소를 잘 알아요. (○ , ×)

(2) 유미 씨와 투안 씨는 같이 다낭에 갈 거예요. (○ , ×)

4. 다음을 듣고 빈칸에 들어갈 말을 쓰세요.

(1) 투안: 유미 씨, 휴가 때 ____________________?

유미: 저는 ____________________ 다낭에서 쉴 거예요.

(2) 투안: 우와! 좋겠네요. 숙소는 ____________________?

유미: 아니요. 아직이요. 어떤 ____________________?

(3) 투안: 음, 글쎄요. 저도 잘 모르겠어요. 같이 ____________________?

유미: ____________________? 고마워요.

5. 다음을 듣고 이어지는 말을 고르세요.

(1) (답:)

① 네, 숙소를 예약했어요.
② 글쎄요, 잘 모르겠어요.
③ 지난 주말에 등산을 갔어요.
④ 버스를 탈 거예요. 그리고 기차로 갈아탈 거예요.

(2) (답:)

① 네, 오늘 세 시간 동안 회의를 했어요.
② 미안해요. 오늘 저녁에 약속이 있어요.
③ 미안해요. 우리 같이 한국 식당에 가요.
④ 네, 저는 베트남 음식을 정말 좋아해요.

6. 다음을 듣고 메모하세요.

	투안의 휴가 계획
휴가 날짜	
여행지	
여행지에서 무엇을 할 거예요?	

7. 여러분은 휴가 때 뭘 할 거예요? [보기]와 같이 이야기해 보세요.

[보기] 가: 짱 씨, 휴가 때 어디에 갈 거예요?
나: 저는 휴가 때 고향에 갈 거예요.
가: 고향에 어떻게 갈 거예요?
나: 비행기를 탈 거예요. 그리고 기차로 갈아탈 거예요.

질문	나	동료
휴가가 언제예요?		
어디에 갈 거예요?		
누구와 같이 갈 거예요?		
어떻게 갈 거예요?(교통편)		
어디에서 잘 거예요?		
거기에서 무엇을 할 거예요?		

읽고 말하기

1. 다음을 읽고 질문에 답하세요.

부산이 여러분을 기다립니다!

여러분은 이번 휴가에 어디에 가요? 비행기로 4시간 30분, 부산을 만날 수 있어요. 부산은 한국 제2의 도시예요. 부산에서 바다를 볼 수 있어요. 시장도 유명해요. 시장에서 한국 음식을 먹을 수 있어요. '돼지국밥'과 '밀면'이 유명해요. 음식이 비싸지 않아요.
부산에 드라마 촬영지, 영화 촬영지도 많아요. 바다에서 수영도 할 수 있어요. 지하철과 버스, 택시도 많아요. 교통이 편해요.
여러분은 친구와 가족에게 이렇게 말할 수 있어요.
"이번 휴가에 우리 부산에 갈까요?"

(1) 읽은 내용과 같으면 ○, 다르면 × 하세요.

① 부산에 지하철이 있어요. (○ , ×)

② 부산은 '돼지국밥'과 '비빔밥'이 유명해요. (○ , ×)

③ 부산에 영화 촬영지와 드라마 촬영지가 많아요. (○ , ×)

(2) 부산에 어떻게 가요?

(3) 부산까지 얼마 동안 비행기를 타요?

2. [보기]와 같이 이야기해 보세요.

[보기]

짱: 기태 씨, 휴가 때 어디에 갈 거예요?

기태: 잘 모르겠어요. 어디가 좋아요?

짱: 음, 다낭이 정말 좋아요.

기태: 다낭에서 무엇을 할 수 있어요?

여행지	나	동료
[보기] 어디가 좋아요?	**다낭**	
무엇을 할 수 있어요?		
무엇이 있어요?		
어떻게 가요?		
숙소가 어때요?		
무엇을 먹을 수 있어요?		
( )		
( )		

읽고 쓰기

1. 다음을 읽고 질문에 답하세요.

저는 베한전자 신입사원입니다. 지금 한국어를 공부합니다. 저는 먼저 2년 동안 한국어를 열심히 공부할 겁니다. 주말마다 카페에서 한국 책도 많이 읽을 것입니다. 그리고 휴가 동안 한국을 여행할 겁니다. 한국의 유적지를 많이 볼 겁니다. 한국 문화도 열심히 공부할 것입니다. 그러고 나서 한국 본사에서 일하고 싶습니다. 몇 년 동안 한국에서 일할 겁니다. 그리고 베트남 지사에 돌아올 것입니다.

(1) 이 사람은 주말에 무엇을 할 것입니까?

(2) 이 사람은 휴가 때 무엇을 할 것입니까?

(3) 이 사람은 베트남에서 계속 일할 겁니까?

2. 무슨 계획이 있습니까? 다음 글을 써 보세요.

저는

새 어휘

교통편	돼지국밥	본사
제2의	밀면	지사
도시	문화	

20 보안 스티커를 떼지 마세요

학습 목표

- 일상생활과 업무 상황에서 표지판을 읽고 이해할 수 있다.
- 지시와 금지 표현을 이해하고 확인할 수 있다.

어휘: 보안, 표지판

문법: -(으)세요, -지요

듣고 말하기

사원들: 작업장에서는 반드시 모자와 마스크를 착용하세요.

사원들: 네, 알겠습니다.

서진수: 그리고 휴대 전화에 보안 스티커를 붙였지요?

사원들: 네, 붙였습니다.

서진수: 회사 안에서는 그 스티커를 절대 떼지 마세요.

사원들: 네, 조심하겠습니다.

- 반드시
- 착용하다
- 스티커(sticker)
- 절대
- 스티커를 붙이다 ↔ 스티커를 떼다
- 붙였습니다[부쳗씀니다]
- 절대[[절때]

1. 말해 보세요.

[보기]

서지수 1	서진수 2
휴대 전화, 보안 스티커를 붙이다	스티커, 떼다

(1) 담배, 탈의실에 놓다	담배, 피우다
(2) 기계, 작동을 시작하다	기계, 만지다

2. 여기에서 무엇을 하면 안 돼요? 이야기해 보세요.

☑ 극장 ☐ 공원 ☐ 식당 ☐ 버스 ☐ 기숙사

3. 다음을 듣고 들은 내용과 같으면 O, 다르면 X 하세요.

(1) 모자와 마스크를 꼭 씁니다. (○ , ×)

(2) 직원들이 보안 스티커를 뗐습니다. (○ , ×)

4. 다음을 듣고 빈칸에 들어갈 말을 쓰세요.

(1) 서진수: 작업장에서는 ________ 모자와 마스크를 ________.

사원들: 네, 알겠습니다.

(2) 서진수: 그리고 휴대 전화에 보안 스티커를 ________?

사원들: 네, ________.

(3) 서진수: 회사 안에서는 그 스티커를 ________ 떼지 마세요.

사원들: 네, ________.

5. 다음을 듣고 이어지는 말을 고르세요.

(1) (답:)

① 비밀번호가 어려워요.

② 전산팀에 연락하세요.

③ 보안 스티커를 붙이세요.

④ 집 주소는 개인 정보입니다.

(2) (답:)

① 조심하겠습니다.

② 기계를 만집니다.

③ 여기에 손을 대세요.

④ 기계를 확인하겠습니다.

6. 다음을 듣고 질문에 답하세요.

(1) 들은 것과 같은 것은 무엇입니까? (답:)

① 짱이 손을 다쳤습니다.
② 짱한테 장갑이 없습니다.
③ 짱은 보통 때 장갑을 사용합니다.
④ 짱이 남자한테서 장갑을 받았습니다.

(2) 왜 장갑을 착용합니까? 이유를 쓰세요.

7. 여기에서 무엇을 하지 않아요? [보기]와 같이 이야기해 보세요.

[보기] 모든 건물은 금연입니다. 회사 안에서 담배를 피우지 마세요. 밖에서 피우세요. 화장실에서도 피우지 마세요. 흡연실에서 피우세요.

어디	무엇을 해요?, 무엇을 안 해요?
모든 건물	금연, 화장실 X 흡연실 – 담배 O
생활관	
교실	

읽고 말하기

1. 다음을 읽고 질문에 답하세요.

사내 체육 시설 이용 안내

이용 시간

평일, 토요일: 06:00 ~ 24:00

일요일, 공휴일: 쉽니다

- 사원증을 가지고 다니세요.
- 운동복과 운동화를 준비하세요.
- 위험하게 운동하지 마세요.
- 운동 기구 사용 방법을 물어 보세요.

문의: 1234-5678

(1) 무엇에 대한 글입니까? 찾아보세요.

(2) 언제 이용할 수 있습니까? 시간을 찾아보세요.

(3) 어떻게 이용합니까? 잘 모르면 어디에 질문합니까? 찾아보세요.

(4) 여러분 회사에 비슷한 시설이 있습니까? 그곳을 어떻게 이용합니까? 이야기 해 보세요.

2. [보기]와 같이 말하세요.

[보기]

김재호 대리: 프엉 씨, 곧 퇴근이지요?

프엉: 네, 대리님.

김재호 대리: 그 전에 전산망에 보고서를 올리세요.

프엉: 조금 전에 올렸습니다.

김재호 대리: 좋아요. 내일 오전에 회의가 있어요. 늦지 마세요.

프엉: 네, 알겠습니다.

사람	상황	하세요	하지 마세요
상사(김재호 대리) 사원(프엉)	퇴근하다	보고서를 전산망에 올리세요	늦지 마세요
친구1(한국 사람) 친구2(베트남 사람)	베트남 친구 집에서 집들이를 하다		
베트남 여행 가이드 여행객	대중교통을 처음 이용하다		
친구1 친구2	친구3의 생일 파티를 준비하다		
동료1 동료2	출장을 가다		

읽고 쓰기

1. 다음을 읽고 질문에 답하세요.

한국 친구 집에 처음 가요? 이것만 알고 가세요.
한국 집에 들어가요. 그때 신발을 벗으세요.
어른을 만나요. 고개를 숙여 인사를 하세요.
"안녕하세요? 처음 뵙겠습니다. 저는 ○○입니다."
함께 식사해요. 어른이 먼저 식사를 시작해요. 먼저 먹지 마세요.
숟가락하고 젓가락을 같이 사용하지 마세요. 따로따로 사용하세요.
식사 때 이야기는 괜찮아요. 하지만 음식이 입 안에 있어요. 그때는 말하지 마세요.
음식을 모두 먹었어요. 그러면 어른을 기다리세요. 먼저 일어나지 마세요.
어른이 다 먹어요. 그 후에 같이 일어나세요.
"맛있게 잘 먹었습니다."라고 인사하세요. 한국 사람들이 좋아할 거예요.

(1) 친구 집에서 무엇을 할 수 있어요? 맞는 것을 고르세요. (답:)

①

②

③

④

2. 한국 친구가 베트남 집에 처음 가요. 어떻게 인사해요? 식사해요. 그때 무엇을 조심해요? 어떻게 먹어요? 베트남 예절을 써 보세요.

새 어휘

넣다	생활관	운동 기구	따로따로
장갑을 끼다	공휴일	문의	
흡연실	위험하다	고개를 숙이다	

21 화면이 이상하네요

학습 목표

- 작업장과 공정 절차에 관련된 어휘를 익히고 표현할 수 있다.
- 새롭게 알게 된 사실을 표현할 수 있고, 추측한 내용을 물어볼 수 있다.

어휘: 작업장, 생산

문법: -네요, -(으)ㄹ까요

듣고 말하기

짱: 기태 씨, 여기 화면이 좀 이상하네요.

박기태: 정말 그러네요. 다른 것도 그래요?

짱: 네. 여기 두 대 더 있어요. 불량 화소일까요?

박기태: 아직 잘 모르겠어요. 짱 씨, 저랑 다른 것도 같이 확인해요.

짱: 알겠어요. 그리고 서 주임님께 지금 말씀드릴까요?

박기태: 네. 그게 좋겠어요.

화면	더	말씀드리다
이상하다	다른 것	같이[가치]
불량화소	께	좋겠어요[조케써요]
(숫자) 대	아직	

1. 말해 보세요.

[보기]

짱1	짱2
화면, 이상하다	불량 화소

(1) 소리, 너무 크다 　　 스피커 문제

(2) 흠집, 나다 　　 기계 고장

2. 문제가 생겼어요. 무슨 이유일까요? 이야기해 보세요.

3. 다음을 듣고 들은 내용과 같으면 O, 다르면 X 하세요.

(1) 제품 한 대에 문제가 생겼습니다. (○ , ×)

(2) 서진수 주임은 아직 문제를 모릅니다. (○ , ×)

4. 다음을 듣고 빈칸에 들어갈 말을 쓰세요.

(1) 짱: 기태 씨, 여기 화면이 좀 ______________.

박기태: 정말 ______________. ______________도 그래요?

(2) 짱: 네. 여기 ______________ ______________ 있어요. 불량 화소일까요?

박기태: 아직 잘 모르겠어요. 짱 씨, ______________ 다른 것도 같이 ______________.

(3) 짱: 알겠어요. 그리고 서 주임님께 지금 ______________?

박기태: 네. ______________ 좋겠어요.

5. 다음을 듣고 이어지는 말을 고르세요.

(1) (답:)

① 아니요. 짱 씨가 운반했습니다.

② 맞아요. 공장에서 자재를 팔아요.

③ 네. 이따가 창고로 들어올 거예요.

④ 그래요. 오늘 시장으로 출하할 거예요.

(2) (답:)

① 단가가 비쌉니다.

② 수량을 확인하겠습니다.

③ 너무 많이 만들었습니다.

④ 생산품을 모두 포장하겠습니다.

6. 다음을 듣고 메모하세요.

문제	현재 상황	할 일
(1)	(2) 확인 중	(3)

7. 회사에서 무슨 일을 합니까? 그 일을 자세히 말해 보세요.

[보기] 저는 지게차 운전을 합니다. 우리 공장은 큽니다. 그래서 매일 자재가 들어옵니다. 저는 자재를 창고로 옮깁니다. 식품은 보통 냉동 창고로 운반합니다. 창고에 상자가 많습니다. 무슨 상자가 있습니까? 어디에 있습니까? 잘 정리합니다.

이름	나	
무슨 일	지게차 운전	
어떻게 합니까?	자재를 옮깁니다. 창고에 보관합니다. 정리합니다.	

읽고 말하기

1. 다음을 읽고 질문에 답하세요.

오늘은 짱 씨 생일입니다. 생산팀 동료들이 짱 씨 생일 선물하고 케이크를 준비했습니다. 짱 씨는 모릅니다. 점심시간에 짱 씨한테 선물을 줄 거예요. 우리는 작업장에서 짱 씨를 기다렸습니다.

투안 씨가 말했습니다.

"짱 씨가 언제 올까요?"

그때 밖에서 기태 씨가 들어왔습니다.

"쉿! 짱 씨가 지금 와요."

우리는 불을 껐습니다. 아주 조용했습니다. 짱 씨가 들어왔습니다. 어두웠습니다. 짱 씨가 여기저기를 봤습니다.

"저기, 아무도 없어요?"

짜잔! 그때 우리가 케이크와 선물을 가지고 나갔습니다.

"짱 씨! 생일 축하합니다!"

짱 씨가 아주 깜짝 놀랐습니다.

"제 생일을 어떻게 알았어요?"

우리는 생일 축하 노래를 불렀습니다. 그리고 선물을 줬습니다. 짱 씨가 웃었습니다. 그리고 "모두 정말 고맙습니다."라고 말했습니다. 우리는 모두 같이 케이크를 맛있게 먹었습니다.

(1) 오늘은 무슨 날입니까?

(2) 생산팀 직원들은 왜 불을 껐습니까?

(3) 동료들은 무엇을 준비했습니까?

2. 우리 팀 사람들이 무엇을 좋아할까요? 이야기해 보세요.

[보기]

투안: 내일이 프엉 씨 생일이에요.

유미: 그러네요. 선물을 준비했어요?

투안: 아니요. 아직 못했어요. 프엉 씨가 무엇을 좋아할까요?

유미: 프엉 씨는 책을 좋아해요.

투안: 저는 책을 잘 안 읽어요. 그래서 잘 몰라요. 프엉 씨가 꽃을 좋아할까요?

유마: 네. 꽃도 좋아해요.

이름	질문	답
프엉	무엇, 좋아하다	책, 꽃
	무엇, 잘 먹다	
	무슨 운동, 잘하다	
	지금, 뭐 하다	
	술, 잘 마시다	
	인기가 많다	
	영화, 좋아하다	

읽고 쓰기

1. 그림과 같으면 ○, 다르면 × 하세요.

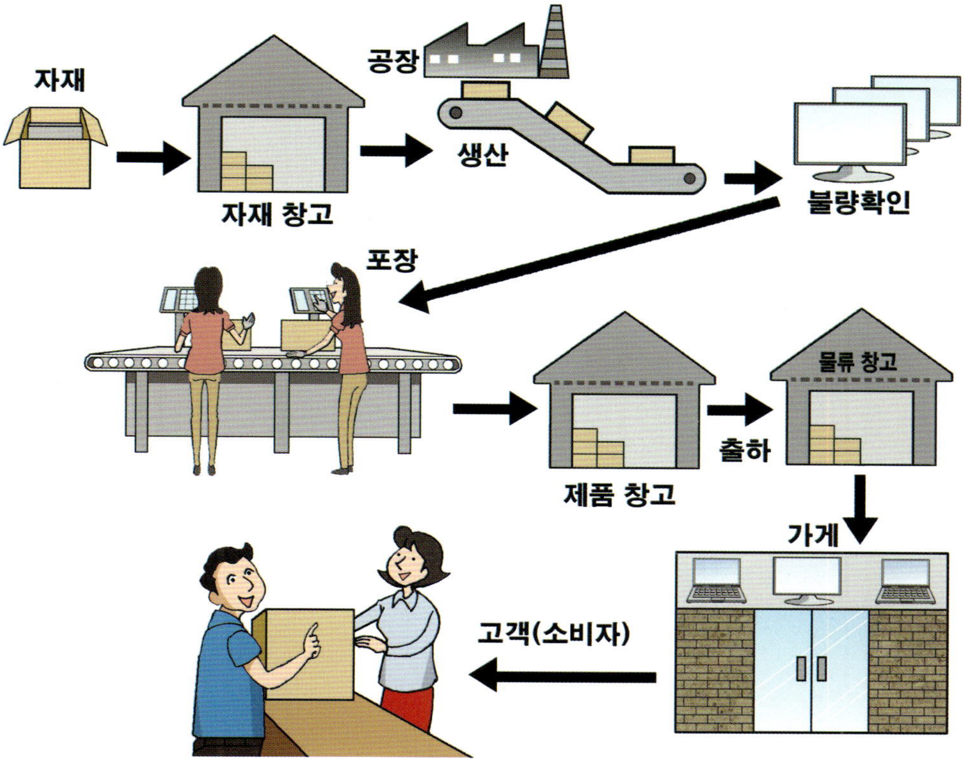

(1) 자재를 자재 창고에 옮깁니다. (○ , ×)

(2) 고객이 자재를 삽니다. (○ , ×)

(3) 공장에서 고객에게 물건을 팝니다. (○ , ×)

(4) 포장 제품을 창고에 보관합니다. (○ , ×)

(5) 가게에서 제품을 생산합니다. (○ , ×)

2. 여러분은 어디에서 무슨 일을 합니까? 무엇이 필요합니까? 어떻게 합니까? 그림을 그리고 써 보세요.

새 어휘

스피커	정리하다	가지고 나가다
흠집	아무도	깜짝 놀라다

22 전체 확인 후에 보고해 주세요

학습 목표

- 도움을 제안하거나 요청하는 표현을 사용하여 말할 수 있다.
- 어떤 행위의 전과 후에 하는 일을 표현할 수 있다.

어휘: 전체와 부분, 보고

문법: 전에/후에, -어/아 주다

듣고 말하기

짱: 서 주임님, 생산 라인에서 불량이 발생했습니다.

서진수: 그래요? 화소 문제입니까?

짱: 네, 그렇습니다. 지금까지 세 건 나왔습니다.

서진수: 불량 화소가 화면 중앙에 있어요?

짱: 아닙니다. 모서리 부분에 있습니다.

서진수: 알겠어요. 전체 확인 후에 다시 보고해 주세요.

생산 라인	(숫자) 건	부분	보고(하다)
발생하다	중앙	전체	아닙니다[아님니다]
문제	모서리		

1. 말해 보세요.

[보기]

짱	서진수
생산 라인에서 불량이 발생하다	전체 확인 후/ 보고하다

(1) 보고서에 숫자가 틀렸다 — 보고서 수정/ 제출하다

(2) 창고에 재고가 없다 — 자재 신청/ 알리다

2. 동료를 도와주고 싶어요? 어떻게 말할까요? 이야기해 보세요.

3. 다음을 듣고 들은 내용과 같으면 O, 다르면 X 하세요.

(1) 불량이 세 건 있습니다. (○ , ×)

(2) 불량 화소가 화면 전체에 발생했습니다. (○ , ×)

4. 다음을 듣고 빈칸에 들어갈 말을 쓰세요.

(1) 짱: 서 주임님, 생산 라인에서 __________.

(2) 서진수: 그래요? __________?

짱: 네, 그렇습니다. 지금까지 __________.

(3) 서진수: 불량 화소가 __________ 있어요?

짱: 아닙니다. __________ 있습니다.

서진수: 알겠어요. __________ 다시 보고해 주세요.

5. 다음을 듣고 이어지는 말을 고르세요.

(1) (답:)

① 아니요. 저한테 있어요.
② 네. 오늘만 없을 거예요.
③ 네. 회의 준비를 도와주세요.
④ 아니요. 오늘부터 회의할 수 있어요.

(2) (답:)

① 아니요, 벌써 켰어요.
② 그럼요, 에어컨이 없어요.
③ 그럼요, 에어컨을 켜지 마세요.
④ 아니요, 지금 에어컨을 켤까요?

6. 다음 중 들은 내용과 같은 것을 고르세요. (답:)

① 부장님이 샘플 수를 확인했어요.

② 샘플이 창고에 아홉 상자 있어요.

③ 프엉 씨한테 입고 확인서가 없어요.

④ 프엉 씨가 담당자한테 샘플을 확인했어요.

7. 전과 후가 뭐가 달라요? [보기]와 같이 이야기해 보세요.

[보기] 가: 저는 대학교 입학 전에는 커피를 안 마셨어요.
대학교 입학 후에 커피를 마셨어요.
나: 저는 우리 회사 입사 전에 고향에서 가족과 같이 살았어요.
입사 후부터 혼자 살았어요.

전에 뭘 했어요? 어땠어요?	언제	후에 뭘 했어요? 어땠어요?
	입사	
	학교 졸업	

읽고 말하기

1. 다음을 읽고 질문에 답하세요.

(가)

우리 회사에서 한 달 전에 신제품이 나왔습니다. 이번 제품은 삼 년 동안 연구하고 만들었습니다. 그래서 제품이 아주 좋습니다. 지금까지 제품은 대부분 화면 테두리가 직선이었습니다. 그런데 이번 우리 제품은 화면 테두리가 곡선입니다. 처음에는 화면 가장자리에 불량이 자주 발생했습니다. 하지만 직원들이 모두 열심히 일을 해 줬습니다. 그래서 요즘은 불량이 별로 없습니다. 올해 우리 제품의 인기가 좋을 겁니다.

(나)

우리 회사에서 이 제품이 인기가 제일 좋습니다. 이 옷은 앞면에는 그림이 없습니다. 그런데 뒷면 중앙에 그림이 있습니다. 그림이 큽니다. 그리고 멋있습니다. 일주일 전에 여러 거래처에 홍보물과 샘플을 보내 줬습니다. 홍보물 발송 후에 여러 회사에서 연락이 왔습니다. 우리는 내일 그 회사들을 방문할 겁니다.

(1) 무엇이 (가)의 이야기입니까? (답:)

① 한 달 후에 불량이 없을 겁니다.

② 3년 전부터 신제품이 나왔습니다.

③ 신제품 테두리는 직선이 아닙니다.

④ 제품 중앙에 불량이 자주 생겼습니다.

(2) 무엇이 (나)의 이야기입니까? (답:)

① 제품의 앞면에 그림이 큽니다.

② 제품 뒷면 중앙에 그림이 멋있습니다.

③ 내일 거래처에 홍보물을 보내 줄 겁니다.

④ 1주 후에 여러 회사에서 연락이 올 겁니다.

2. 요즘 무슨 제품이 인기가 좋습니까? 그 제품은 어떻게 생겼습니까? 그 제품이 왜 좋습니까? 거래처 직원과 이야기해 보세요.

[보기]

정 대리: 박 부장님, 일주일 전에 우리 신제품 '조아 화장품'이 나왔습니다. 이것 좀 봐 주세요.

거래처: 와! 디자인이 좋네요.

정 대리: 네, 곡선 디자인이 아주 예뻐요. 그리고 화장품이 피부에 아주 좋아요. 우리 회사 전체 여직원들이 이 화장품을 사용해요.

거래처: 아, 그래요? 한번 써 보고 싶어요.

정 대리: 제가 며칠 후에 샘플을 보내 드릴까요?

거래처: 아, 그렇게 해 주세요. 감사합니다.

[보기] 질문	대답
이름이 뭐예요?	조아 화장품이에요.
어떻게 생겼어요?	곡선 디자인이 예뻐요.
어때요?	피부에 좋아요. 그래서 전체 여직원들이 사용해요.
어떻게 할 거예요?	거래처 박 부장님한테 며칠 후에 샘플을 보내 줄 거예요.

질문	대답
이름이 뭐예요?	
어떻게 생겼어요?	
어때요?	
어떻게 할 거예요?	

읽고 쓰기

1. 다음을 읽고 빈 칸에 알맞은 단어를 쓰세요.

주간 업무 보고

작성일: 05.12.

부서명	영업팀	직급	사원	부서명	이유미
이번 주 업무 (05.06~05.12.)			다음 주 업무 (05.13~05.19.)		
1. 서울제과 하노이 지점 방문 2. 홍보팀에 홍보물 1,000장 요청 3. 부서 전체 회의			1. 서울제과 하노이 지점 담장자에게 홍보물 발송 2. 한국건설 고채윤 부장님과 우리팀 사무실에서 회의		

(1) 이번 주에 　　　　　　　　　　　에 갔어요.

(2) 이번 주에 홍보팀에 　　　　　　　　　　　을/를 요청했어요.

(3) 다음 주에 서울제과 담당자한테 　　　　　　　　　　　거예요.

(4) 다음 주에 　　　　　　　　　　　을/를 만날 거예요.
그리고 우리 팀 사무실에서 　　　　　　　　　　　거예요.

2. 이번 주에 무슨 일을 했습니까? 다음 주에는 무슨 일을 할 겁니까? 주간 업무 보고를 써 보세요.

주간 업무 보고					
부서명	팀	직급		성명	
이번 주 업무 (. . ~ . .)			다음 주 업무 (. . ~ . .)		

새 어휘

틀리다	신제품	거래처	디자인
수정하다	연구하다	홍보물	지점
신청하다	별로 없다	발송	요청
알리다	인기가 좋다	생기다	
담당자	멋있다	화장품	

23 이물질이 들어가지 않게 주의하세요

학습 목표

- 회사에서 불량 및 품질 관리에 사용하는 어휘를 알고 표현할 수 있다.
- 지시를 나타내는 표현을 알고 말할 수 있다.

어휘: 불량, 품질 관리

문법: -지만, -게

듣고 말하기

짱: 주임님, 불량은 모두 다섯 건입니다.

서진수: 지난달에는 한 건이었습니다. 그런데 이번 달에만 벌써 다섯 건이네요. 기계 문제입니까?

짱: 기계를 확인했지만 원인을 모르겠습니다.

서진수: 우선 품질 관리팀에 이상 제품을 모두 보내세요.

짱: 네. 알겠습니다.

서진수: 그리고 라인에서 이물질이 들어가지 않게 주의하세요.

벌써	원인	품질 관리팀	다섯 건[다섣껀]
기계	우선	이물질	관리[괄리]
		주의하다	이물질[이물찔]

1. 말해 보세요.

[보기] 서진수: 기계 문제입니까?
짱: 기계를 확인했지만 원인을 모르겠습니다.

(1) 제품을 품질 관리팀에 보냈습니까? 제품을 보냈지만 아직 답을 듣지 못했습니다.

(2) 부품에 문제가 있습니까? 검수를 했지만 이상이 없었습니다.

2. 어떤 제품 불량이 있습니까? 이야기해 보세요.

3. 다음을 듣고 들은 내용과 같으면 O, 다르면 X 하세요.

(1) 여자는 품질 관리팀에서 근무합니다. (○ , ×)

(2) 지난달보다 이번 달에 불량 건수가 더 많습니다. (○ , ×)

4. 다음을 듣고 빈칸에 들어갈 말을 쓰세요.

(1) 짱: 주임님, 불량은 모두 __________.

서진수: 지난달에는 __________.

그런데 이번 달에만 __________.

(2) 서진수: 기계 __________?

짱: 기계를 __________ 원인을 모르겠습니다.

(3) 서진수: 우선 품질 관리팀에 __________ 모두 보내세요.

짱: 네, 알겠습니다.

서진수: 그리고 라인에서 이물질이 __________ 주의하세요.

5. 다음을 듣고 이어지는 말을 고르세요.

(1) (답:)

① 네. 기계에 문제가 없습니다.
② 아니요. 기계를 고치러 갔습니다.
③ 생산팀에서 기계를 주문했습니다.
④ 기계를 확인했지만 원인을 못 찾았습니다.

(2) (답:)

① 아직 모르겠습니다.
② 아니요. 먼저 보냈습니다.
③ 이상 제품을 확인했습니다.
④ 품질 관리팀에서 연락을 받았습니다.

6. 다음을 듣고 메모하세요.

불량	(1) 지난달에는 ,
	(2) 이번 달에는 .
짱	(3) 네, .
	(4) 확인 .
직원	(5) 원인을 .
	(6) 그리고 짱 씨한테 .

7. 다음 메모를 보고 이야기해 보세요.

주간 보고

1. 생산 라인에서 불량 발생
2. 원인 : 조사 중,
   아직 모름
3. 품질 관리팀에 검사 의뢰 필요
4. 생산 라인 깨끗하게 관리 필요

주간 보고

1. 영업팀 사무실 복사기 고장
2. 문제 : 복사는 가능
   품질이 떨어짐
3. 시설 관리팀에 연락 필요
4. 복사기가 과열되지 않게 관리 필요

읽고 말하기

1. 다음을 읽고 내용과 같으면 O, 다르면 X 하세요.

결재	담 당	주 임	팀 장

월간 불량 보고서

2018년 4월 30일

번호	제품명	제품수량	불량 요소	검사 일시	비고
1	모니터	2	화소 불량	2018.04.20	
2	LED TV	3	패널 불량	2018.04.21	
3	리모컨	5	작동 불량	2018.04.22	
4	키보드	3	인식 불량	2018.04.22	
5	휴대폰	7	액정 불량	2018.04.25	

(1) 리모컨 불량은 다섯 건입니다. (○ , ×)

(2) 텔레비전 패널에 문제가 있습니다. (○ , ×)

(3) 이번 달에 휴대폰 불량이 제일 많습니다. (○ , ×)

(4) 모니터 불량보다 키보드 불량이 적습니다. (○ , ×)

(5) 휴대폰 불량 검사는 다음 달에 할 것입니다. (○ , ×)

2. 불량 보고서를 만들어 보세요.

월간 불량 보고서

년 월 일

결재	담당	주임	팀장

번호	제품명	제품수량	불량 요소	검사 일시	비고
1	모니터	2	화소 불량		
2					
3					
4					
5	휴대폰	7	액정 불량		

3. 보고서를 보고 이야기해 보세요.

[보기]

가: 이번 달 불량이 몇 건입니까?

나: 다섯 개 제품 총 스무 건입니다.

가: 모니터는 무엇이 불량입니까?

나: 모니터에 불량 화소가 생겼습니다. 불량 건수는 두건입니다.

가: 불량 검사를 받았습니까?

나: 네, 어제 품질 관리팀에 제품을 보냈습니다.

가: 불량 화소의 발생 원인을 정확하게 알아 보세요.

나: 네, 알겠습니다.

읽고 쓰기

1. 다음을 읽고 질문에 답하세요.

지난주에 기숙사 휴게실 TV가 고장이 났습니다. 리모컨으로 전원을 켰지만 TV가 나오지 않았습니다. 그래서 기숙사 관리실에 이야기를 했습니다. 그 후에 시설 관리팀에서 TV 고장의 원인을 조사했습니다. 조사 결과 고장의 원인은 누전이었습니다. 어제 휴게실 창문이 열려 있었습니다. 어젯밤에 비가 많이 왔습니다. 창문으로 비가 들어 왔습니다. 그래서 누전이 되었습니다. 며칠 동안 TV를 볼 수 없었습니다. 많이 불편했습니다.
어제 회사에서 기숙사 휴게실에 새 TV를 설치해 주었습니다. 어제부터 다시 휴게실에서 TV를 볼 수 있습니다. 이제는 취침 전에 밤마다 기숙사 사람들이 창문을 확인합니다. 비가 들어오지 않게 창문을 잘 닫습니다.

(1) 기숙사 휴게실 텔레비전은 왜 고장이 났습니까?

(2) 어디에서 텔레비전 고장을 조사했습니까?

(3) 회사에서 기숙사에 무엇을 설치했습니까?

(4) 기숙사 사람들이 밤마다 무엇을 합니까?

2. 무슨 물건이 고장 났습니까? 다음 글을 써 보세요.

지난번에 고장이 났습니다.

새 어휘

확실하다	키보드	관리실	설치하다
모니터	인식	시설 관리팀	고장이 나다
리모컨	액정	누전	
작동	고장	불편하다	

24 우리 함께 원인을 찾아봅시다

학습 목표

- 근무 교대 시에 사용하는 어휘를 알고 표현할 수 있다.
- 격식적인 상황에 쓰는 권유와 의지 표현을 알고 말할 수 있다.

어휘: 근무 교대, 근무 복장

문법: -(으)ㅂ시다, -겠-

듣고 말하기

짱: 보고 드립니다. 오후 근무자 모두 참석했습니다.

서진수: 네. 물량은 모두 맞췄습니까?

짱: 네. 모두 끝냈습니다. 그런데 불량이 다섯 건 발생했습니다. 아직 원인은 모릅니다.

서진수: 우리 함께 원인을 찾아봅시다. 우선 품질 관리팀에 기계 점검을 요청하세요. 그리고 근무자들의 복장도 점검합시다.

사원들: 네. 모자, 마스크, 장갑, 다시 한번 확인하겠습니다.

서진수: 좋습니다. 오후 팀, 수고 많으셨습니다.

근무자	끝내다	요청(하다)	참석했습니다 [참서캗씀니다]
물량	참석하다	다시 한 번	
맞추다	점검(하다)	수고 많으셨습니다. [마느셛씀니다]	

1. 말해 보세요.

[보기]

서진수	짱
물량은 모두 맞췄습니까?	네. 모두 끝냈습니다.

(1) 근무 복장을 점검합시다. 네. 다시 한번 확인하겠습니다.

(2) 우리 같이 문제를 해결합시다. 네. 저도 돕겠습니다.

2. 동료에게 어떤 행동을 권유하고 싶어요? 이야기해 보세요.

3. 다음을 듣고 들은 내용과 같으면 O, 다르면 X 하세요.

(1) 오늘 작업 물량을 맞추지 못했습니다. (○ , ×)

(2) 다섯 건의 불량 원인을 찾았습니다. (○ , ×)

4. 다음을 듣고 빈칸에 들어갈 말을 쓰세요.

(1) 짱: 보고 드립니다. 오후 근무자 모두 ____________.

서진수: 네. 물량은 모두 ____________?

(2) 짱: 네. 모두 ____________. 그런데 불량이 다섯 건 ____________. 아직 원인은 모릅니다.

서진수: 우리 함께 원인을 ____________.

(3) 서진수: 우선 품질 관리팀에 기계 ____________.

그리고 근무자들의 ____________.

직원들: 네. 모자, 마스크, 장갑, ____________.

서진수: 좋습니다. 오후 팀, ____________.

5. 다음을 듣고 이어지는 말을 고르세요.

(1) (답:)

① 네. 모두 끝냈습니다.

② 네. 모두 참석했습니다.

③ 아니요. 모두 찾았습니다.

④ 아니요. 모두 점검했습니다.

(2) (답:)

① 네. 확인했습니다.

② 네. 작업복입니다.

③ 아니요. 안전합니다.

④ 아니요. 점검이 끝났습니다.

6. 다음을 듣고 메모하세요.

박기태	이제 퇴근이네요.
짱	네. 오늘은 정말 일이 많았어요.
박기태	(1) 참! 품질 관리팀에는 ?
짱	(2) 네. 불량 제품도 모두 .
박기태	(3) 결과는 ?
짱	(4) 아직 .
짱	(5) 다음부터는 불량이 .
박기태	(6) 네, 저도요. 함께 .

7. 다음을 보고 동료와 함께 이야기해 보세요.

생산팀 목표!

주문 물량 맞추기!
함께 노력합시다!

영업팀 목표!

전월보다 계약 한 건 더!
발로 뛰십시다!

이달의 목표!

전 직원 지각하지 않기!
10분 일찍 일어납시다!

목표!

!
!

읽고 말하기

1. 다음을 읽고 내용과 같으면 O, 다르면 X 하세요.

우리 함께 회사를 아름답게 만듭시다.

☐ 내가 먼저 인사합시다.
☐ 동료와 서로 존댓말을 사용합시다.
☐ 하루에 한번 동료를 칭찬합시다.
☐ 근무 시간을 잘 지킵시다.
☐ 유니폼은 단정하게 착용합시다.
☐ 생산 현장에서는 꼭 작업복을 착용합시다.
☐ 회사의 시설을 소중하게 생각합시다.
☐ 회사에서 쓰레기를 함부로 버리지 맙시다.

(1) 직급이 낮은 사람이 먼저 인사를 합시다. (○ , ×)

(2) 친한 동료 사이에는 반말을 사용합시다. (○ , ×)

(3) 근무 시간에 맞게 일합시다. (○ , ×)

(4) 생산 현장에서는 반드시 작업복을 입읍시다. (○ , ×)

(5) 회사의 시설을 내 것처럼 중요하게 생각합시다. (○ , ×)

2. [보기]처럼 말해 보세요.

[보기]

가: 우리 함께 회사를 좋게 만듭시다.

나: 좋아요. 무엇을 할까요?

가: 하루에 한번 서로를 칭찬합시다.

나: 좋아요. 제가 먼저 할게요. 투안 씨, 오늘 정말 멋있어요.

가: 고마워요. 짱 씨는 정말 일을 잘 해요.

나: 칭찬은 정말 좋네요. 앞으로도 자주 합시다.

3. 동료와 함께 '회사를 좋게 만들기'를 만들고 이야기해 보세요.

우리 함께 회사를 아름답게 만듭시다.

☐ 내가 먼저 인사합시다.

☐

☐

☐

☐

읽고 쓰기

1. 다음을 읽고 질문에 답하세요.

나의 다짐

이제 연말입니다. 지난 1년을 되돌아봅니다. 1년 동안 열심히 살았습니다.
하지만 후회도 남습니다. 그래서 내년 계획을 세웠습니다.
내년에는 올해보다 더 열심히 살겠습니다.
아침에 30분 일찍 일어나겠습니다. 그리고 20분씩 조깅을 하겠습니다.
컴퓨터도 더 열심히 배우겠습니다. 엑셀과 PPT를 더 잘하고 싶습니다.
한국어도 다시 공부하겠습니다. 한국어능력시험에서 6급을 받고 싶습니다.
올해는 퇴근 후에 집에서 그냥 쉬었습니다. 내년에는 퇴근 후에 집에서 열심히 한국어를 공부하겠습니다.
아자! 아자! 파이팅!

(1) 지금은 언제입니까?

(2) 이 사람은 내년에 무슨 계획을 세웠습니까?

(3) 이 사람은 왜 컴퓨터를 열심히 배우려고 합니까?

(4) 이 사람은 왜 퇴근 후에 한국어 공부를 하려고 합니까?

2. 다음은 나의 다짐입니다. 다음 글을 써 보세요.

나의 다짐

연말이 다가옵니다. 지난 1년을 되돌아봅니다. 1년 동안 열심히 살았습니다. 하지만 후회도 남습니다. 그래서 내년 계획을 세웠습니다.

새 어휘

결과가 나오다	지키다	되돌아보다
전월	시설	후회가 남다
서로	소중하다	계획을 세우다
존댓말	함부로	
칭찬하다	다짐	

25 좋은 분들과 함께 일해서 즐거웠습니다

학습 목표

- 회사 회식에서 사용하는 어휘를 알고 표현할 수 있다.
- 이유를 나타내는 표현을 알고 말할 수 있다.

어휘: 위하여, 회식

문법: -어서/아서, -(으)ㄴ

듣고 말하기

팀　장: 한 해 동안 우리 팀원들 모두 고생 많았습니다.

기　태: 팀장님도 고생 많으셨습니다.

팀　장: 오늘 아쉬운 소식이 하나 있습니다.
우리 팀 투안 씨가 내년부터 영업팀에서 일합니다.
투안 씨, 한마디 하세요.

투　안: 그동안 좋은 분들과 함께 일해서 즐거웠습니다.
정말 감사합니다.

팀　장: 자, 우리 건배합시다.
투안 씨와 우리 팀 모두의 행복을 위하여!

모　두: 위하여!

고생	건배	한마디 하세요
아쉽다	위하다	그동안 즐거웠습니다
한마디	고생 많았습니다	건배합시다

1. 말해 보세요.

[보기]

팀장	투안
아쉬운 소식이 하나 있습니다.	그동안 좋은 분들과 함께 일해서 즐거웠습니다.

(1) 기쁜 소식이 하나 있습니다.　　이렇게 축하해 주셔서 감사합니다.

(2) 좋은 소식이 하나 있습니다.　　여러분을 만나서 정말 행복했습니다.

2. 동료에게 어떤 소식이 있습니까? 이야기해 보세요.

3. 다음을 듣고 들은 내용과 같으면 O, 다르면 X 하세요.

(1) 투안은 올해 회사를 그만둡니다. (○ , ×)

(2) 투안이 건배를 제의했습니다. (○ , ×)

4. 다음을 듣고 빈칸에 들어갈 말을 쓰세요.

(1) 팀장 : 한 해 동안 우리 팀원을 모두 ______________.

기태 : 팀장님도 ______________.

(2) 팀장 : 오늘 ______________ 하나 있습니다.

우리 팀 투안 씨가 내년부터 영업팀에서 일합니다.

투안 씨, ______________.

(3) 투안 : 그동안 좋은 분들과 ______________ 즐거웠습니다.

정말 감사합니다.

팀장 : 자, 우리 ______________.

투안 씨와 우리 팀 모두의 ______________!

모두 : 위하여!

5. 다음을 듣고 이어지는 말을 고르세요.

(1) (답:)

① 아니요. 영업팀에서 근무할 수 있어요.

② 네. 영업팀에서 다른 부서로 옮길 거예요.

③ 그럼요. 내년에 홍보팀에서 근무할 거예요.

④ 맞아요. 내년에 홍보팀에서 일할 수 없어서 아쉬워요.

(2) (답:)

① 회식 때 과장님이 술을 마셨어요.

② 건배 후에 술을 마시기 시작했어요.

③ 부장님이 안 와서 과장님이 했어요.

④ 어제 회식 때 건배사는 정말 재미있었어요.

6. 다음을 듣고 메모하세요.

기태	(1) 투안 씨와 .
	(2) 투안 씨는 .
투안	(3) 저도 기태 씨를 .
	(4) 기태 씨한테서 .
기태	(5) 투안 씨는 .
투안	(6) 고마워요. .
	(7) 그리고 .

7. 회사 동료에 대해 이야기해 보세요.

짱

친절하다, 성격이 좋다,
수줍음이 많다, 눈이 예쁘다,
짱하고 같이 일해서 즐겁다

기태

재미있다, 키가 크다,
항상 바쁘다, 일 처리가 빠르다,
컴퓨터를 잘해서 많이 배운다

읽고 말하기

1. 다음을 읽고 내용과 같으면 O, 다르면 X 하세요.

< 송년회 안내장 >

올 한 해 정말 여러 가지 일들이 많았습니다. 올해는 경기가 어려웠지만 우리 회사는 순조롭게 매출을 신장시킬 수 있었습니다. 팀원 여러분의 협력과 지원에 깊은 감사를 드립니다.
무엇보다 1년 동안 좋은 사람들과 함께 일할 수 있어서 감사했습니다.
한 해 동안 고생하신 여러분들과 송년회에서 올해를 마무리하고 싶습니다.
바쁘시겠지만 송년회에 모두 참석해 주시기를 바랍니다.

- 일　　시 : 12월 21일 오후 5시~7시
- 장　　소 : 비엣비 식당
- 회　　비 : 350,000동
- 참석대상 : 생산팀 직원 전체
- 약　　도 : 첨부파일 참조

(1) 올해 경제 상황이 좋지 않았습니다. (○ , ×)

(2) 올해 회사의 매출이 떨어졌습니다. (○ , ×)

(3) 안내장은 연말 모임을 위해 썼습니다. (○ , ×)

(4) 1년 동안 팀원과 함께 일해서 좋았습니다. (○ , ×)

(5) 첨부 파일에 비엣비 식당 약도가 있습니다. (○ , ×)

2. 송년회 안내장을 보고 이야기해 보세요.

[보기]

가: 다음 주 금요일에 생산팀 송년회가 있어요.

나: 송년회는 왜 해요?

가: 팀원들과 올해를 기념하고 싶어서 해요.

나: 좋네요. 저도 송년회에 갈래요.
저도 좋은 사람들과 함께 일해서 좋았어요.

가: 네, 어려운 일이 많았지만 팀원이 있어서 할 수 있었어요.

나: 고생한 우리 팀원들과 송년회에서 신나게 즐기고 싶어요.

가: 저도요. 자세한 안내는 이메일에 있어요.

나: 네, 확인할게요.

3. 회식 안내장을 만들고 이야기해 보세요.

< 안내장 >

안녕하세요?

- 일 시 :
- 장 소 :
- 회 비 :
- 참석대상 :
- 약 도 :

읽고 쓰기

1. 다음을 읽고 질문에 답하세요.

기태 씨에게

기태 씨, 안녕하세요? 투안이에요. 부서 이동 전에 기태 씨에게 감사의 말을 하고 싶어서 이메일을 써요. 그동안 생산팀에서 기태 씨와 함께 일해서 정말 즐거웠어요.
기태 씨는 항상 즐거운 사람이었어요. 그리고 일 처리도 빨라서 여러 가지를 많이 배울 수 있었어요. 내년부터는 기태 씨와 한 부서에서 일할 수 없어서 많이 아쉬워요. 하지만 자주 연락할게요.
전처럼 자주 비엣비 식당에 갑시다. 시원한 맥주와 맛있는 짜조를 먹어요. 기태 씨는 생산팀의 재밌는 이야기를 말해 주세요. 저는 영업팀의 재밌는 이야기를 말해 줄게요.
그동안 정말 고마웠어요. 항상 행복하게 지내요. 또 연락할게요.

투안

(1) 투안은 왜 기태에게 이메일을 썼습니까?

(2) 기태는 어떤 사람입니까?

(3) 투안한테 아쉬운 것은 무엇입니까?

(4) 두 사람은 비엣비 식당에서 무엇을 할 것입니까?

2. 고마운 사람에게 감사의 편지를 써 보세요.

에게/께

안녕하세요?

새 어휘

수줍음이 많다
일 처리가 빠르다
한해
경기가 어렵다
순조롭다
매출을 신장시키다
협력
지원
깊다
새해
기념하다
경제 상황
약도
참조

비즈니스 **한국어** 입문활용

부록

부록

듣기 대본

6과

3~4.

프 엉: 안녕하세요?

김재호: 네, 안녕하세요? 김재호 대리입니다.

프 엉: 저는 신입 사원 프엉입니다. 처음 뵙겠습니다.

김재호: 프엉 씨, 만나서 반갑습니다.

프 엉: 네, 대리님. 앞으로 잘 부탁드립니다.

김재호: 네, 열심히 해 주세요.

5. (1) 남 자: 안녕하세요?

   (2) 여 자: 만나서 반갑습니다.

6.

투 안: 안녕하세요?

이유미: 네, 안녕하세요?

투 안: 저는 투안 과장입니다. 베트남 사람입니다.

이유미: 저는 이유미 부장입니다. 한국 사람입니다.

투 안: 부장님, 앞으로 잘 부탁드립니다.

이유미: 네, 같이 잘해 봅시다.

7과

3~4.

김재호: 이건 사원증이에요.

프　엉: 이건 뭐예요?

김재호: 그건 우리 업무 수첩이에요.

프　엉: 네. 저게 제 컴퓨터예요?

김재호: 아니요, 저건 프엉 씨 컴퓨터가 아니에요. 이 컴퓨터가 프엉 씨 거예요.

프　엉: 네, 알겠습니다. 대리님.

5. (1) 김재호: 프엉 씨, 이게 뭐예요?
   (2) 김재호: 사원증이 있어요?

6.

이건 제 책상이에요. 의자가 있어요. 이건 제 노트북이에요. 이건 가족사진이에요. 저건 옷장이에요. 가방이 있어요. 옷이 있어요. 저건 책장이에요. 책이 없어요. 저건 제 그림이에요.

8과

3~4.

프　엉: 대리님, 회의실이 어디에 있어요?

김재호: 회의실은 휴게실 옆에 있어요.

프　엉: 회의실에 컴퓨터가 있어요?

김재호: 아니요, 컴퓨터가 없어요. 노트북을 가지고 가세요.

프　엉: 그럼 노트북은 어디에 있어요?

김재호: 저기에 있어요.

5. (1) 김재호: 사무실에 누가 있어요?
   (2) 짱: 투안 씨, 작업복이 어디에 있어요?

6.

여기는 제 방이에요. 제 방에 침대, 책상, 의자가 있어요.

침대 위에 인형이 있어요. 시계가 침대와 책상 사이에 있어요. 가방이 책상 아래에 있어요. 책상 위에 가족사진이 있어요.

9과

3~4.

김재호: 프엉 씨, 뭘 복사해요?

프　엉: 회의 자료를 복사해요.

김재호: 그런데 이건 영업팀 복사기예요.

프　엉: 그래요? 우리 총무팀은 어디에서 복사해요?

김재호: 제 책상 옆에 복사기가 있어요. 거기에서 해요.

프　엉: 네, 알겠습니다.

5. (1) 남　자: 어디에서 점심을 먹어요?
   (2) 여　자: 지금 뭘 해요?

6.

투　안: 유미 씨, 프엉 씨는 어디에 있어요?

유　미: 프엉 씨는 휴게실에 있어요.

투　안: 휴게실에서 뭐 해요?

유　미: 휴게실에서 차를 마셔요. 왜요?

투　안: 김 대리님이 프엉 씨를 찾아요. 사무실에서 프엉 씨를 기다려요.

10과

3~4.

김재호: 프엉 씨, 몇 층에 가요?

프　엉: 1층이요. 창고에 가요.

김재호: 샘플을 찾아요?

프　엉: 아니요, 복사 용지를 찾아요.

김재호: 복사 용지는 비품실에 있어요. 비품실은 205호예요.

프　엉: 아, 감사합니다.

5. (1) 남　자: 회사에 가요?
   (2) 여　자: 몇 층에 가요?

6. (1) 남　자: 인사팀이 어디예요?
   여　자: 인사팀은 3층에 있어요.
   (2) 남　자: 프엉 씨 전화번호가 몇 번이에요?
   여　자: 프엉 씨 번호가 090-372-4581번이에요.
   (3) 남　자: 비품실이 812호예요?
   여　자: 아니요. 비품실은 912호예요.

11과

3~4.

최동진: 3월 16일 금요일 아침 조회를 시작하겠습니다.
오늘 자재가 들어옵니다.
입고 확인은 기태 씨와 투안 씨가 합니다.

기태, 투안: 네, 알겠습니다.

최동진: 그리고 오늘 짱 씨는 작업 라인이 변경됩니다.
짱 씨는 5번 라인에서 일합니다.
자, 오늘도 열심히 해 주세요. 파이팅!

5. (1) 남 자: 오늘 아침 조회가 있습니까?
(2) 남 자: 오늘은 금요일입니까?

6.

최동진: 3월 19일 월요일 아침 조회를 시작하겠습니다.
오늘 투안 씨 생일입니다. 모두 축하해 주세요.

직원들 : 축하합니다.

투 안: 감사합니다.

최동진: 점심시간에 투안 씨 생일 축하 파티를 합니다.
자, 오늘도 열심히 해 주세요. 파이팅!

12과

3~4.

박기태: 투안 씨, 자재가 모두 몇 상자 있어요?

투 안: 서른 네 상자 있어요.

박기태: 네? 서른 상자 아니에요?

투 안: 오늘 입고는 서른 상자예요. 그리고 재고가 네 상자 있어요.

박기태: 아, 그렇군요. 그런데 입고 확인서가 투안 씨한테 있어요?

투 안: 네, 저한테 있어요.

박기태: 입고 자재의 총액은 얼마예요?

투 안: 서른 상자에 삼천만 동이에요.

5. (1) 남 자: 자재가 모두 몇 상자 있어요?
(2) 남 자: 입고확인서가 짱 씨한테 있어요?

6.

박기태: 투안 씨, LCD 부품은 몇 개 있어요?

투　안: 백 개 있어요.

박기태: 백오십 개 아니에요?

투　안: 오늘 입고는 백 개예요. 내일 쉰 개가 더 들어와요.

박기태: 아, 그렇군요. 부품 단가는 얼마예요?

투　안: 네, 한 개에 사만이천 동이에요.

13과

3~4.

투　안: 오늘 오전에 회의가 있어요?

박기태: 네, 열 시에 회의가 있어요.

투　안: 매일 오전에 회의를 해요?

박기태: 아니요, 매주 월요일에만 해요. 그런데 지금 몇 시예요?

투　안: 아홉 시 사십 분이에요.

박기태: 아, 그래요? 빨리 가야겠어요.

5. (1) 투　안: 다음 주에 회의가 있어요?
   (2) 투　안: 매일 한 시에 점심을 먹어요?

6.

박기태: 오늘 입고 확인을 해요?

이유미: 네. 오후 두 시 반에 해요.

박기태: 매주 물건이 입고돼요?

이유미: 네. 화요일마다 입고돼요.

박기태: 입고 확인서를 오늘 제출해요?

이유미: 네. 오후 여섯 시에 제출해요.

14과

3~4.

투　안: 이 회의실은 아주 넓어요. 오늘 직원들이 많이 모여요?

박기태: 네, 오늘 회의에 사람이 많이 와요.

투　안: 그런데 회의실이 좀 어두워요.

박기태: 그래요? 제가 불을 켤게요. 지금은 어때요?

투　안: 이제 어둡지 않아요. 고마워요.

박기태: 아니에요.

5. (1) 투　안: 기태 씨, 지금 회의실에 사람이 많아요?
   (2) 기　태: 투안 씨, 상자가 무거워요?

6.

투　안: 여기가 창고예요?

박기태: 네, 여기예요.

투　안: 창고가 아주 커요. 상자도 많아요.

박기태: 상자가 무거워요?

투　안: 무겁지 않아요. 괜찮아요.

15과

3~4.

박기태: 투안 씨, 어제 일이 많았어요?

투　안: 어제 저는 엄청 바빴어요. 먼저 오전에 1번 라인에서 작업을 했어요. 그러고 나서 오후에는 창고에서 자재를 확인했어요. 그다음에 포장팀에 작업을 하러 갔어요. 거기에서 박스를 잘랐어요.

박기태: 아이구, 그랬어요? 힘들지 않았어요?

투　안: 조금 힘들었어요. 하지만 괜찮았어요.

5. (1) 투　안: 기태 씨, 아까 왜 비품실에 갔어요?

(2) 기　태: 투안 씨, 어제 운동이 힘들었어요?

6.

투　안: 기태 씨, 어디에 가요?

기　태: 영업팀이 바빠요. 그래서 일을 도와주러 가요.

투　안: 오늘 오후에도 영업팀에서 일해요?

기　태: 아니요, 오전에 먼저 영업팀에서 일을 해요. 그러고 나서 식당에서 점심을 먹어요. 그 후에 우리 팀 회의에 가요.

투　안: 아이구, 오늘 기태 씨는 너무 바빠요.

기　태: 괜찮아요. 재미있어요.

16과

3~4.

투　안: 아, 배가 고파요.

박기태: 투안 씨, 오전에 일이 많았어요?

투　안: 네, 주임님한테서 일을 많이 받았어요.
아홉 시부터 지금까지 계속 자재를 확인했어요.

박기태: 그래요? 점심 많이 드세요. 그리고 힘내요.
자, 여기 숟가락하고 젓가락이요.

투　안: 네, 고마워요.

5. (1) 남　자: 오전에 일이 많았어요?

(2) 남　자: 누구한테서 일을 많이 받았어요?

6.

박기태: 투안 씨, 우리 오후 회의가 몇 시예요?

투　안: 아, 회의 시간이 바뀌었어요. 두 시부터 세 시까지예요.

박기태: 그래요? 누구한테서 들었어요?

투　안: 짱 씨한테서 들었어요.

17과

3~4.

박기태: 프엉 씨는 무슨 음식을 좋아해요?

프　엉: 저는 비빔밥을 좋아해요. 그래서 자주 먹어요.

박기태: 그래요? 비빔밥이 맵지 않아요?

프　엉: 아니요. 맛있어요. 기태 씨는 무슨 음식을 좋아해요?

박기태: 저는 다 잘 먹어요. 하하.

프　엉: 그래요? 그럼 다음에 팀원들하고 같이 비빔밥을 먹으러 가요.

5. (1) 남　자: 무슨 음식을 좋아해요?
   (2) 남　자: 비빔밥이 맵지 않아요?

6.

프　엉: 와, 이 식당 사람이 많네요. 무슨 음식이 맛있어요?

박기태: 음, 이 집은 삼겹살이 맛있어요. 김치찌개랑 비빔밥도 맛있어요.

프　엉: 그럼 삼겹살하고 김치찌개 어때요?

박기태: 비빔밥도 같이 먹어요.

프　엉: 네? 너무 많지 않아요?

박기태: 괜찮아요. 사장님, 여기 삼겹살 2인분 주세요. 그리고 김치찌개 하나하고 비빔밥도 한 개 주세요.

18과

3~4.

투　안: 유미 씨, 이번 주말에 뭐 해요?

유　미: 집에서 쉬고 싶어요. 투안 씨는요?

투　안: 저는 친구들이랑 노래방에 가고 싶어요.

유　미: 투안 씨, 노래를 잘 불러요?

투　안: 그럼요. 저는 가수 담빈훙(Dam Vinh Hung) 같아요.
　　　한국 노래도 잘 부를 수 있어요.

유　미: 정말요? 저도 투안 씨 노래를 듣고 싶어요.

5. (1) 유　미: 투안 씨, 주말에 뭐 하고 싶어요?
   (2) 투　안: 유미 씨, 한국 노래를 부를 수 있어요?

6.

유　미: 투안 씨, 내일 뭐 할 거예요?

투　안: 친구하고 볼링 치러 가고 싶어요. 유미 씨는 볼링을 칠 수 있어요?

유　미: 아니요. 저는 볼링을 못 쳐요.

투　안: 유미 씨는 내일 뭐 할 거예요?

유　미: 저는 집에서 기타를 치고 싶어요. 투안 씨도 기타를 칠 수 있어요?

투　안: 아니요. 저는 기타를 못 쳐요.

19과

3~4.

투　안: 유미 씨, 휴가 때 뭐 할 거예요?

유　미: 저는 일주일 동안 다낭에서 쉴 거예요.

투　안: 우와! 좋겠네요. 숙소는 예약했어요?

유　미: 아니요. 아직이요. 어떤 숙소가 좋아요?

투　안: 음, 글쎄요. 저도 잘 모르겠어요. 같이 인터넷으로 찾아볼까요?
유　미: 정말요? 고마워요.

5. (1) 유　미: 투안 씨, 이번 휴가 때 뭐 할 거예요?
   (2) 투　안: 유미 씨, 오늘 저녁에 한국 식당에 갈까요?

6.
유　미: 투안 씨, 휴가가 언제예요?
투　안: 8월 3일부터 8월 9일까지예요.
유　미: 휴가 때 뭐 할 거예요?
투　안: 일주일 동안 한국에 갈 거예요.
유　미: 우와 좋겠네요! 한국에서 뭐 할 거예요?
투　안: 경복궁을 볼 거예요. 그리고 명동에서 쇼핑을 할 거예요.

20과

3~4.
서진수: 작업장에서는 반드시 모자와 마스크를 착용하세요.
사원들: 네, 알겠습니다.
서진수: 그리고 휴대 전화에 보안 스티커를 붙였지요?
사원들: 네, 붙였습니다.
서진수: 회사 안에서는 그 스티커를 절대 떼지 마세요.
사원들: 네, 조심하겠습니다.

5. (1) 프　엉: 투안 씨, 컴퓨터를 켤 수 없어요. 어떻게 해요?
   (2) 서진수: 쩐 씨, 위험해요. 기계에 기대지 마세요.

6.

기　태: 짱 씨, 장갑을 끼지 않았네요. 장갑이 없어요?

　　짱: 아니요. 여기 있어요.

기　태: 그런데 왜 착용하지 않았어요?

　　짱: 좀 답답해요. 그래서 아까 벗었어요. 평소에는 장갑을 꼭 껴요.

기　태: 장갑을 안 끼면 제품에 이물질이 들어갈 수 있어요. 일할 때는 항상 장갑을 착용하세요.

　　짱: 네, 알겠습니다.

21과

3~4.

　　짱: 기태 씨, 여기 화면이 좀 이상하네요.

박기태: 정말 그러네요. 다른 것도 그래요?

　　짱: 네. 여기 두 대 더 있어요. 불량 화소일까요?

박기태: 아직 잘 모르겠어요. 짱 씨, 저랑 다른 것도 같이 확인해요.

　　짱: 알겠어요. 그리고 서 주임님께 지금 말씀드릴까요?

박기태: 네. 그게 좋겠어요.

5. (1) 짱: 오늘 자재가 들어올까요?

　(2) 짱: 물량이 부족하네요.

6.

서진수: 짱 씨, 무슨 일이 있어요?

　　짱: 기계가 고장이 났습니다.

서진수: 제품에는 이상이 없어요?

　　짱: 지금까지 이상 없습니다. 하지만 조금 더 확인이 필요합니다.

서진수: 그러면 생산 제품은 모두 포장하세요. 불량 제품만 남기세요.

　　짱: 네, 알겠습니다.

22과

3~4.

짱: 서 주임님, 생산 라인에서 불량이 발생했습니다.

서진수: 그래요? 화소 문제입니까?

짱: 네, 그렇습니다. 지금까지 세 건 나왔습니다.

서진수: 불량 화소가 화면 중앙에 있어요?

짱: 아닙니다. 모서리 부분에 있습니다.

서진수: 알겠어요. 전체 확인 후에 다시 보고해 주세요.

5. (1) 짱: 오늘 퇴근 전에 회의가 있어요?
   (2) 짱: 지금 너무 더워요. 에어컨을 켰어요?

6.

프 엉: 부장님, 아까 창고에서 샘플 확인을 했습니다. 그런데요….

김재호: 무슨 문제가 있습니까?

프 엉: 샘플 수를 확인했어요. 그런데 입고 확인서와 숫자가 달라요.

김재호: 어떻게 달라요?

프 엉: 창고에 샘플이 아홉 상자예요. 하지만 입고 확인서에는 열 상자예요.

김재호: 그럼 담당자에게 확인 후에 보고해 주세요.

23과

3~4.

짱: 주임님, 불량은 모두 다섯 건입니다.

서진수: 지난달에는 한 건이었습니다. 그런데 이번 달에만 벌써 다섯 건이네요. 기계 문제입니까?

짱: 기계를 확인했지만 원인을 모르겠습니다.

서진수: 우선 품질 관리팀에 이상 제품을 모두 보내세요.

짱: 네, 알겠습니다.

서진수: 그리고 라인에서 이물질이 들어가지 않게 주의하세요.

5. (1) 남 자: 이번 달에 불량이 많습니다. 기계 문제입니까?
   (2) 남 자: 모니터 불량 원인이 무엇입니까?

6.

짱: 안녕하세요? 여기 이상 제품을 가지고 왔습니다.

품질관리팀 직원: 지난달에는 불량이 많지 않았지만 이번 달에는 불량이 많네요.

짱: 네. 원인을 잘 모르겠어요. 확인 부탁드려요.

품질관리팀 직원: 네, 알겠습니다. 원인을 확실하게 찾아볼게요. 그리고 짱 씨한테 연락드릴게요.

24과

3~4.

짱: 보고 드립니다. 오후 근무자 모두 참석했습니다.

서진수: 네. 물량은 모두 맞췄습니까?

짱: 네. 모두 끝냈습니다. 그런데 불량이 다섯 건 발생했습니다. 아직 원인은 모릅니다.

서진수: 우리 함께 원인을 찾아봅시다. 우선 품질 관리팀에 기계 점검을 요청하세요. 그리고 근무자들의 복장도 점검합시다.

사원들: 네. 모자, 마스크, 장갑, 다시 한번 확인하겠습니다.
서진수: 좋습니다. 오후 팀, 수고 많으셨습니다.

5. (1) 남 자: 물량은 모두 맞췄습니까?
   (2) 남 자: 근무자들의 복장도 문제 없습니까?

6.
박기태: 이제 퇴근이네요.
짱: 네. 오늘은 정말 일이 많았어요.
박기태: 참! 품질 관리팀에는 다녀왔어요?
짱: 네. 불량 제품도 모두 품질 관리팀에 보냈어요.
박기태: 결과는 언제 나와요?
짱: 아직 잘 모르겠어요. 다음부터는 불량이 나오지 않게 하겠습니다.
박기태: 네, 저도요. 함께 열심히 합시다.

25과

3~4.
팀 장: 한 해 동안 우리 팀원들 모두 고생 많았습니다.
기 태: 팀장님도 고생 많으셨습니다.
팀 장: 오늘 아쉬운 소식이 하나 있습니다. 우리 팀 투안 씨가 내년부터 영업팀에서 일합니다. 투안 씨, 한마디 하세요.
투 안: 그동안 좋은 분들과 함께 일해서 즐거웠습니다. 정말 감사합니다.
팀 장: 자, 우리 건배합시다. 투안 씨와 우리 팀 모두의 행복을 위하여!
모 두: 위하여!

5. (1) 남 자: 투안 씨, 내년부터 영업팀에서 일할 거예요?

(2) 남 자: 어제 회식 때 건배 제의는 누가 했어요?

6.

기 태: 투안 씨, 1년 동안 함께 일해서 정말 좋았어요. 투안 씨는 참 좋은 사람이에요.

투 안: 고마워요. 기태 씨, 저도 기태 씨를 만나서 정말 좋았습니다. 기태 씨한테서 많이 배웠어요.

기 태: 투안 씨는 능력이 많은 사람이에요. 영업팀에서도 잘할 수 있을 거예요.

투 안: 고마워요. 열심히 할게요. 그리고 자주 연락할게요.

정답

6과

듣고 말하기

3. (1) ×　　(2) ○

4. (1) 안녕하세요, 안녕하세요
   (2) 처음 뵙겠습니다, 반갑습니다
   (3) 잘 부탁드립니다, 열심히

5. (1) ④　　(2) ①

6. (2) 이, 유　　(3) 베트남
   (4) 한국　　(5) 과장
   (6) 부장

읽고 말하기

1. (1) ×　　(2) ○　　(3) ×　　(4) ○

읽고 쓰기

1. (1) 아니요, 이유정 씨는 한국 사람입니다.
   (2) 아니요, 이유정 씨는 다낭여행사 부장입니다.
   (3) 아니요, 프엉 씨는 베한전자 신입 사원입니다.
   (4) 네, 스타전자 대리는 중국 사람입니다.

2. [보기]

   안녕하세요? 저는 고채윤입니다. 저는 한국 사람입니다. 저는 한국 건설 부장입니다. 만나서 반갑습니다. 앞으로 잘 부탁드립니다.

7과

듣고 말하기

3. (1) ○　　　　(2) ×

4. (1) 이건, 업무 수첩이에요
   (2) 제 컴퓨터에요, 컴퓨터가 아니에요
   (3) 이, 거예요, 알겠습니다

5. (1) ③　　　　(2) ①

6.

읽고 말하기

1. (1) ③　　　　(2) ④

읽고 쓰기

1. (1) 저건 복사기예요.　　　　(2) 네, 이거예요.
   (3) 네, 중국 사람이에요.　　　　(4) 저는 프엉이에요.
   (5) 아니요, 회사원이에요.

8과

듣고 말하기

3. ④

4. (1) 어디에, 휴게실 옆에
   (2) 아니요, 없어요, 가지고 가세요
   (3) 그럼, 저기에 있어요

5. (1) ② (2) ③

6.

읽고 말하기

1. (1) 시장 (2) 미용실 (3) 앞/건너편/맞은편
   (4) 미용실 (5) 앞/건너편/맞은편

읽고 쓰기

1. (1) 식당 (2) 식탁, 음식, 쌀국수, 반찬, 커피, 물, 의자

9과

듣고 말하기

3. (1) ×　　(2) ×

4. (1) 뭘 복사해요, 회의 자료를
   (2) 영업팀 복사기예요, 어디에서 복사해요
   (3) 제 책상 옆에, 알겠습니다

5. (1) ④　　(2) ①

6

	프엉	김 대리
지금 어디에 있어요?	휴게실	**사무실**
지금 무엇을 해요?	차를 마셔요.	프엉 씨를 기다려요. (프엉 씨를 찾아요.)
지금 어디에서 무엇을 해요?	휴게실에서 차를 마셔요.	사무실에서 프엉 씨를 기다려요. (사무실에서 프엉 씨를 찾아요.)

읽고 말하기

1. (1) ×　　(2) ○　　(3) ○

읽고 쓰기

1. (1) ①
   (2) 프엉 씨는 사무실에서 이메일을 보내요.
   (3) 유미 씨는 스테이플러를 찾아요.

10과

듣고 말하기

3. (1) × (2) ○

4. (1) 몇 층에, 창고에 가요
   (2) 찾아요, 복사 용지를
   (3) 비품실은 205호예요.

5. (1) ④ (2) ②

6. (1) 3층
   (2) 090(공구공), 372(삼칠이), 4581(사오팔일)
   (3) 912호

읽고 말하기

1. (1) × (2) ○ (3) ×

읽고 쓰기

1. (1) 프엉이 백화점에 가요.
   (2) 어머니 선물을 사요. (옷을 사요. 어머니 옷을 사요.)
   (3) 프엉이 백화점 3층에 가요.

11과

듣고 말하기

3. (1) × (2) ×

4. (1) 금요일 아침조회를, 자재
   (2) 기태 씨와, 알겠습니다
   (3) 변경됩니다, 오늘도

5. (1) ③ (2) ①

6.

오늘	(1) 3월 19일 월요일 (2) 투안 씨 생일입니다.
직원들	(3) 축하합니다.
점심시간	(4) 투안 씨 생일 축하 파티를 합니다.

읽고 말하기

1. (1) ○ (2) × (3) ○
   (4) ○ (5) ○

읽고 쓰기

1. (1) 디자인이 예쁩니다. 그리고 편리합니다.
   (2) 다낭에 갑니다. 여행을 합니다. 친구를 만납니다. 친구와 밥을 먹습니다. 이야기도 합니다.
   (3) 베트남과 태국의 축구 경기가 있습니다.
   (4) 베트남을 응원합니다.

2. [보기]
   저는 이번주 토요일에 호찌민에 갑니다. 거기에 친구를 만나러 갑니다. 거기에서 친구와 술을 마십니다. 그리고 이야기도 합니다.

12과

듣고 말하기

3. (1) ○ (2) ×

4. (1) 몇 상자, 서른 네 상자
   (2) 서른 상자, 서른 상자예요, 네 상자
   (3) 입고확인서가, 저한테
   (4) 얼마예요, 삼천만 동이에요.

5. (1) ④ (2) ②

6. (1) 50 (2) 42,000

읽고 말하기

1. (1) × (2) ○ (3) ○
   (4) ○ (5) ×

읽고 쓰기

1. (1) 파파야를 삽니다. 망고도 삽니다. 과자를 삽니다. 맥주를 삽니다. 피자도 삽니다.
   (2) 3+1입니다.
   (3) 바지를 삽니다. 와이셔츠를 삽니다. 모자를 삽니다.
   (4) 한 켤레 삽니다.

2. [보기]
   저는 마트에 갑니다. 거기에 음식을 사러 갑니다. 마트에서 사과를 다섯 개 삽니다. 피자를 두 판 삽니다. 그리고 맥주도 두 병 삽니다.

13과

듣고 말하기

3. (1) ○ (2) ×

4. (1) 열 시에
   (2) 매주 월요일에만
   (3) 몇 시예요, 아홉 시 사십 분

5. (1) ② (2) ④

6.

입고 확인 시간	오후 두 시 삼십 분
입고 요일	매주 화요일
입고 확인서 제출 시간	오후 여섯 시

읽고 말하기

1. (1) 오전 열 시 십 분에 회의를 합니다.
   (2) 오후 한 시에 창고에 갑니다.
   (3) 오후 네 시에 교대 근무자를 확인합니다.
   (4) 오늘 저녁에 회사 앞 식당에서 회식을 합니다.

읽고 쓰기

1. (1) ② (2) ③ → ① → ⑥ → ② → ⑤ → ④

14과

듣고 말하기

3. (1) ○ (2) ○

4. (1) 넓어요, 많이 와요
   (2) 어두워요, 불을 켤게요
   (3) 어때요, 어둡지 않아요

5. (1) ① (2) ②

6.

여기가 어디예요?	창고예요.
창고가 어때요?	아주 커요. 상자가 많아요.
상자가 어때요?	무겁지 않아요.

읽고 말하기

1. (1) ④ (2) ②

읽고 쓰기

1. (1) 백화점 옆에 있습니다.
   (2) 아니요, 낮지 않습니다. 아주 높습니다.
   (3) 넓습니다. 그리고 예쁩니다.
   (4) 차갑습니다. 그리고 맛있습니다.

15과

듣고 말하기

3. (1) × (2) ○

4. (1) 많았어요, 엄청 바빴어요
   (2) 먼저, 그러고 나서, 작업을 하러 갔어요, 잘랐어요
   (3) 하지만 괜찮았어요

5. (1) ② (2) ③

6. (1) 영업팀 (2) 일을 도와주
   (3) 점심을 먹으 (4) 회의

읽고 말하기

1. (1) ②
   (2) 창고 정리는 힘들지 않았어요. 하지만 시간이 많이 걸렸어요.
   (3) (③ → ① → ② → ④)

읽고 쓰기

1. (1) 김치 재료를 준비합니다.
   (2) 배추를 씻어요. 그리고 썰어요. 그 다음에 소금을 뿌려요.
   (3) 김치를 김치통에 담아요.

16과

듣고 말하기

3. (1) ○　　(2) ×

4. (1) 많았어요, 주임님한테서
   (2) 지금까지, 드세요, 힘내요
   (3) 숟가락, 젓가락, 고마워요

5. (1) ②　　(2) ③

6. (1) 바뀌었어요　　(2) 두 시, 세 시　　(3) 누구한테서　　(4) 짱 씨한테서

읽고 말하기

1. (1) ×　　(2) ○　　(3) ○
   (4) ○　　(5) ○

읽고 쓰기

1. (1) 평일에 회사에 갑니다, 토요일에 여러 가지를 배우러 다닙니다.
   (2) 일곱 시부터 여덟 시까지 조깅을 합니다. 아홉 시부터 한국어를 배웁니다.
   (3) 친구한테서 컴퓨터를 배웁니다.
   (4) 토요일 저녁 여덟 시부터 아홉 시까지 배웁니다.

2. [보기]
   저는 요즘 바쁩니다. 월요일부터 토요일까지 회사에 갑니다. 그리고 일요일에도 여러 가지 일을 합니다. 일요일 오전부터 점심까지 집안일을 합니다. 열 두 시에 점심을 먹습니다. 그리고 두 시부터 네 시까지 운동을 합니다. 운동은 재미있습니다. 그리고 친구를 만납니다. 친구하고 커피를 마십니다. 저녁에는 집 근처 헬스장에 갑니다. 8시부터 9시까지 헬스를 합니다. 저는 매일 바쁩니다.

17과

듣고 말하기

3. (1) × (2) ×

4. (1) 무슨 음식, 비빔밥을
   (2) 맵지 않아요, 맛있어요, 무슨 음식
   (3) 다 잘 먹어요, 팀원들하고 같이

5. (1) ② (2) ④

6. (1) 삼겹살 (2) 김치찌개, 비빔밥
   (3) 삼겹살, 김치찌개 (4) 비빔밥
   (5) 삼겹살 2인분 (6) 김치찌개 하나, 비빔밥도 한 개

읽고 말하기

1. (1) × (2) ○ (3) × (4) ×

읽고 쓰기

1. (1) 회사 근처에 맛집이 많습니다.
   (2) 비엣비 식당에서 쌀국수가 인기가 많습니다.
   (3) 맵지 않습니다. 국물이 담백하고 맛있습니다.
   (4) 기태 씨는 컴승을 좋아합니다.
   (5) 팀원들하고 같이 여러 음식을 먹었습니다. 맥주를 마시고 이야기를 많이 했습니다.

2. [보기]

우리 회사 근처에 맛집이 많습니다. 한국의 정 식당은 한국 사람이 하는 식당입니다. 이 식당에서 맛있는 한국 음식을 팝니다. 우리 베트남 직원들도 이 식당을 좋아합니다. 이 식당에서 불고기가 인기가 많습니다. 불고기는 맵지 않습니다. 조금 달고 맛있습니다. 그리고 이 식당은 냉면하고 된장찌개도 맛있습다. 저는 팀원들하고 같이 자주 이 식당에 옵니다. 한국 음식을 먹고 한국어로 이야기합니다. 저는 그 시간이 정말 즐겁습니다

18과

듣고 말하기

3. (1) × (2) ×

4. (1) 주말에, 쉬고 싶어요
   (2) 노래방에 가고 싶어요, 불러요
   (3) 잘 부를 수 있어요, 듣고 싶어요

5. (1) ③ (2) ④

6.

	투안	유미
내일 무엇을 하고 싶어요?	볼링 치러 가고 싶어요.	기타를 치고 싶어요.
무엇을 할 수 없어요?	기타를 칠 수 없어요.	**볼링을 칠 수 없어요.**

읽고 말하기

1. (1) ① ×　　② ○　　③ ×
   (2) 금요일
   (3) 한국 식당에서 김치찌개와 삼계탕을 먹고 싶어 해요.

읽고 쓰기

1. (1) 카페에 자주 갑니다.
   (2) 친구하고 같이 이야기를 하고 맛있는 디저트도 먹습니다.
   (3) 카페 2층에서 한국어를 공부하고 싶어 합니다.

19과

듣고 말하기

3. (1) ×　　(2) ×

4. (1) 뭐 할 거예요, 일주일 동안
   (2) 예약했어요, 숙소가 좋아요
   (3) 인터넷으로 찾아볼까요, 정말요

5. (1) ②　　(2) ②

6.

	투안의 휴가 계획
휴가 날짜	8월 3일부터 8월 9일까지
여행지	한국
여행지에서 무엇을 할 거예요?	경복궁을 볼 거예요. 명동에서 쇼핑을 할 거예요.

읽고 말하기

1. (1) ① ○ ② × ③ ○
   (2) 비행기로 가요.
   (3) 4시간 30분 동안 비행기를 타요.

읽고 쓰기

1. (1) 주말마다 카페에서 한국 책을 읽을 것입니다.
   (2) 휴가 때 한국을 여행할 것입니다.
   (3) 아니요, 몇 년 동안 한국 본사에서 일할 것입니다. 그러고 나서 베트남 지사로 돌아올 것입니다.

20과

듣고 말하기

3. (1) ○ (2) ×

4. (1) 반드시, 착용하세요
   (2) 붙였지요, 붙였습니다
   (3) 절대, 조심하겠습니다

5. (1) ② (2) ①

6. (1) ③ (2) 제품에 이물질이 들어가요. 그래서 장갑을 껴요

읽고 말하기

1. (1) 사내 체육 시설 이용 안내글
   (2) 평일, 토요일: 06:00 ~ 24:00. 일요일, 공휴일: 쉽니다
   (3) 문의에 전화합니다. 전화번호는 1234-5678입니다.
   (4) 생략

읽고 쓰기

1. (1) ②, ④

21과

듣고 말하기

3. (1) × (2) ○

4. (1) 이상하네요, 그러네요, 다른 것
   (2) 두 대, 더, 저랑, 확인해요
   (3) 말씀드릴까요, 그게

5. (1) ③ (2) ②

6. (1) 기계 고장 (3) 불량 확인, 생산 제품 포장

읽고 말하기

1. (1) 짱 씨 생일
   (2) 깜짝 파티, 짱 씨를 놀라게 하고 싶습니다
   (3) 케이크, 선물, 생일 축하 노래

읽고 쓰기

1. (1) ○ (2) × (3) × (4) ○ (5) ×

22과

듣고 말하기

3. (1) ○ (2) ×

4. (1) 불량이 발생했습니다
   (2) 화소 문제입니까, 세 건 나왔습니다
   (3) 화면 중앙에, 모서리 부분에, 전체 확인 후에

5. (1) ③ (2) ④

6. ②

읽고 말하기

1. (1) ③ (2) ②

읽고 쓰기

1. (1) 서울제과 하노이 지점
   (2) 홍보물
   (3) 홍보물을 발송할
   (4) 한국건설 고채윤 부장님, 회의를 할

23과

듣고 말하기

3. (1) × (2) ○

4. (1) 다섯 건입니다, 한 건이었습니다, 벌써 다섯 건이네요
   (2) 문제입니까, 확인했지만
   (3) 이상 제품을, 들어가지 않게

5. (1) ④ (2) ①

6. (1) 불량이 많지 않았지만
   (2) 불량이 많네요
   (3) 원인을 잘 모르겠어요
   (4) 확인 부탁드려요
   (5) 확실하게 찾아볼게요
   (6) 짱 씨한테 연락드릴게요

읽고 말하기

1. (1) ○　　(2) ○　　(3) ○
   (4) ×　　(5) ×

읽고 쓰기

1. (1) 창문으로 비가 들어왔습니다.그래서 누전이 되었습니다.
   (2) 시설관리팀에서 고장 원인을 조사했습니다.
   (3) 새 텔레비전을 설치했습니다.
   (4) 창문을 확인합니다. 비가 들어오지 않게 창문을 잘 닫습니다.

2. [보기]

   지난주에 제 휴대폰이 고장이 났습니다. 전원을 켰지만 화면이 나오지 않았습니다. 휴대폰 AS를 받으러 서비스 센터에 갔습니다. 서비스 센터 직원에 제 휴대폰을 검사했습니다. 검사 결과 고장의 원인은 액정 파손이었습니다. 며칠 전에 길에서 휴대폰을 떨어뜨렸습니다. 그래서 액정이 파손되었습니다. 며칠 동안 휴대폰을 사용할 수 없었습니다. 많이 불편했습니다. 어제 새 휴대폰을 샀습니다. 새 휴대폰은 비싸지만 성능이 좋습니다. 이제 다시 휴대폰을 쓸 수 있습니다. 이제는 휴대폰을 안 떨어뜨리게 조심할 것입니다.

24과

듣고 말하기

3. (1) × (2) ×

4. (1) 참석했습니다, 맞췄습니다
   (2) 끝냈습니다, 발생했습니다, 찾아봅시다
   (3) 점검을 요청하세요, 복장도 점검합시다, 다시 한번 확인하겠습니다, 수고 많으셨습니다

5. (1) ① (2) ①

6. (1) 다녀왔어요 (2) 품질 관리팀에 보냈어요
   (3) 언제 나와요 (4) 잘 모르겠어요
   (5) 나오지 않게 하겠어요 (6) 열심히 합시다

읽고 말하기

1. (1) × (2) × (3) ○
   (4) ○ (5) ○

읽고 쓰기

1. (1) 연말입니다.
   (2) 아침에 일찍 일어납니다. 운동을 합니다. 컴퓨터를 배웁니다. 한국어를 공부합니다.
   (3) 엑셀과 PPT를 더 잘하고 싶어 합니다.
   (4) 한국어능력시험에서 6급을 받고 싶어 합니다.

2. [보기]

저는 건강을 지키고 싶습니다. 내년에는 아침을 꼭 먹겠습니다. 수영도 더 열심히 배우겠습니다. 선수처럼 멋있게 수영을 하고 싶습니다. 그리고 영어도 공부하겠습니다. 지금 시대는 영어가 중요합니다. 퇴근 후에 집에서 열심히 공부하겠습니다. 아자! 아자! 파이팅!

25과

듣고 말하기

3. (1) × (2) ×

4. (1) 고생 많았습니다, 고생 많으셨습니다
   (2) 아쉬운 소식이, 한마디 하세요
   (3) 함께 일해서, 건배합시다, 행복을 위하여

5. (1) ④ (2) ③

6. (1) 함께 일해서 정말 좋았어요
   (2) 참 좋은 사람이에요
   (3) 만나서 정말 좋았습니다. 영업 팀에서도 잘 할 수 있을 거예요
   (4) 많이 배웠어요
   (5) 능력이 많은 사람이에요
   (6) 열심히 할게요
   (7) 자주 연락할게요

읽고 말하기

1. (1) ○ (2) × (3) ○
   (4) ○ (5) ○

읽고 쓰기

1. (1) 부서 이동 전에 기태 씨에게 감사의 말을 하고 싶어서 이메일을 썼습니다.
   (2) 기태 씨는 항상 즐거운 사람입니다. 그리고 일 처리도 빠른 사람입니다.
   (3) 내년부터는 기태 씨와 한 부서에서 일할 수 없어서 아쉽습니다.
   (4) 시원한 맥주와 맛있는 짜조를 먹습니다. 기태 씨는 회사 이야기를 합니다.

2. [보기]

   투안 씨에게

   투안 씨 안녕하세요. 기태예요. 고마운 이메일 잘 받았습니다. 저도 투안 씨와 생산팀에서 같이 일해서 정말 즐거웠습니다. 저도 투안 씨에게 감사의 말을 전하고 싶네요. 생산팀에서 투안 씨는 재미있는 사람이었어요. 그래서 팀원들한테 인기가 많은 사람이었어요. 항상 즐거운 투안 씨에게 저도 많이 배웠습니다. 영업팀에서도 잘 할 수 있을 거예요. 제가 응원할게요. 그리고 저도 자주 연락할게요. 비엣비 식당에 자주 갑시다. 그동안 투안 씨와 함께 일해서 정말 행복했어요. 고마워요. 잘 지내요. 또 연락할게요.

집필진

김재욱 한국외국어대학교 KFL대학원장

박기선 사이버한국외국어대학교 한국어학부 교수

노채환 사이버한국외국어대학교 한국어학부 교수

송은정 한국외국어대학교 한국어문화교육원 강사

베트남어 번역 및 감수

응우옌 응옥 꿰 한국외국어대학교 외국어연수평가원 주임강사

베트남인을 위한

비즈니스 한국어 입문활용

초판 인쇄	2019년 7월 25일
초판 발행	2019년 8월 1일

지은이	김재욱 · 박기선 · 노채환 · 송은정
베트남어 번역 및 감수	응우옌 응옥 꿰

발행인	김인철
총괄 · 기획	가정준 Director, University Knowledge Press
편집장	신선호 Executive Knowledge Contents Creator
도서편집	박현정 Contents Creator
전자책편집	인은주 e-Contents Creator
재무관리	강현주 Managing Creator
사전 · 출판	정준희 Contents Creator
마케팅	이현진 Marketing Creator
삽화	손도영
발행처	한국외국어대학교 지식출판콘텐츠원 02450 서울특별시 동대문구 이문로 107 전화 02)2173-2493~7 팩스 02)2173-3363 홈페이지 http://press.hufs.ac.kr 전자우편 press@hufs.ac.kr 출판등록 제6-6호(1969. 4. 30)
디자인 · 편집	(주)이환디앤비 02)2254-4301
인쇄 · 제본	(주)케이프린텍 053)313-3673

ISBN 979-11-5901-461-1 14710 정가 20,000원
ISBN 979-11-5901-447-5 (세트)

HU:NE은 한국외국어대학교 지식출판콘텐츠원의 어학도서, 사회과학도서, 지역학 도서 Sub Brand이다. 한국외대의 영문명인 HUFS, 현명한 국제전문가 양성(International+Intelligent)의 의미를 담고 있으며, 휴인(携引)의 뜻인 '이끌다, 끌고 나가다'라는 의미처럼 출판계를 이끄는 리더로서, 혁신의 이미지를 담고 있다.

이 책의 음원(mp3)은 한국외국어대학교 지식출판콘텐츠원 홈페이지 (press.hufs.ac.kr) – 게시판 – 자료실에서 다운받아 사용하시기 바랍니다.